AI 혁명과 정치 규제

AI문고

인공지능 시대입니다. 기계가 인간의 인지를 대신하고, 사물이 인간을 통하지 않고 다른 사물과 직접 커뮤니케이션합니다. 이에 따른 인간 삶과 문명 변화를 정확히 이해·예측·대응하는 것은 이 시대 우리 모두의 과제입니다. AI문고는 인공지능 기술과 환경의 여러 주제를 10가지 키워드로 정리합니다. 관련 개념과 이론, 학계와 산업계의 쟁점, 우리 일상의 변화를 다룹니다. 인간과 기술의 현재, 미래를 세심히 분석합니다.

일러두기

- 인명, 작품명, 저서명, 개념어 등은 한글과 함께 괄호 안에 해당 국가의 원어를 병기했습니다.
- 외래어 표기는 현행 어문규정의 외래어표기법을 따랐습니다.

처음이세요?

전문가세요?

AI 혁명과 정치 규제

김주희

대한민국, 서울, 커뮤니케이션북스, 2025

AI 혁명과 정치 규제

지은이 김주희
펴낸이 박영률

초판 1쇄 펴낸날 2025년 7월 23일

커뮤니케이션북스(주)
출판 등록 2007년 8월 17일 제313-2007-000166호
02880 서울시 성북구 성북로 5-11
전화(02) 7474 001, 팩스(02) 736 5047
commbooks@commbooks.com
www.commbooks.com

ISBN 979-11-430-0478-9 03500

책값은 뒤표지에 표시되어 있습니다.

차례

AI와 정치 규제, 인간 중심 사회를 지키는 길

AI 혁명의 거대한 파고

우리는 지금 문명의 전환기에 서 있다. AI는 단순히 인간 노동을 대체하는 것을 넘어, 인간의 사고와 판단, 창의성에까지 침투하고 있다. 1차 산업 혁명이 육체노동의 경계를 확장했고, 2차 산업 혁명이 생산방식의 혁신을 이끌었으며, 3차 디지털 혁명은 정보 흐름을 재구성했다. 그러나 오늘날 AI 혁명은 인간 존재 자체를 재정의하려 하고 있다(Schwab, 2016).

AI 기술은 과거와 차원이 다른 속도와 범위로 확장되고 있다. 자연어 처리, 이미지 생성, 자율 시스템 등 다양한 분야에서 AI는 인간의 고유한 능력을 빠르게 흡수하고 있으며, 이는 경제 구조, 노동 시장, 정치 체계, 문화 지형까지 근본적으로 변화시키고 있다.

과거 기술 혁신이 인간의 능력을 확장하는 데 집중했다면, AI는 인간의 결정을 대신하고, 인간관계를 재편하며, 심지어 인간의 가치를 재구성하려 한다. 기술은 결코 가치 중립적이지 않다. 데이터는 편향을 내포할 수 있으며, 알고리즘은 인간의 사회적 구조를 강화하거나 뒤흔들 수 있다. 기술 발전이 가져올 변화는 단순한 혁신이 아니라, 인간 사회의 근본 원리를 시험하는 과정이다.

규제 없는 상태가 가져올 위기: 민주주의, 개인 정보, 인권 침해 가능성

기술은 스스로 방향을 설정하지 않는다. 통제되지 않는 AI 기술은 민주주의, 개인 정보 보호, 인간 존엄성이라는 사회적 기반을 심각하게 위협할 수 있다(Zuboff, 2019).

규제 없는 AI 확산은 이미 현실의 문제가 되었다. SNS를 통한 여론 조작, 맞춤형 정치 광고, 허위 정보 확산 등은 모두 AI 기반 알고리즘이 정보 흐름을 은밀하게 통제한 결과다. 알고리즘은 사용자의 관심을 끌기 위해 편향된 정보를 반복 제공하며, 다양한 의견과 공론장의 기능을 약화한다.

개인 정보 침해 문제도 심각하다. 사용자 동의 없이 수집된 데이터는 광고, 신용 평가, 정치적 프로파일 등 다양한 영역에 활용되며, 이 과정에서 개인의 자율성과 프라이버시가 본질적으로 훼손된다. 이런 위험은 민주적 제도 자체를 불안정하게 만들 수 있다. 민주주의는 자유로운 정보 접근과 투명한 토론을 기반으로 하지만, AI

는 이 기반을 은밀히 허물 수 있다.

우리가 마주한 위기는 기술 그 자체가 아니라, 기술을 둘러싼 사회적 통제와 규범이 부재하다는 데에 있다.

왜 정치적 규제가 필요한가: 규제는 단순 억제가 아니라 인간 사회의 방어선

우리는 AI 기술의 발전을 막을 수는 없다. 그러나 그 방향을 인간 사회의 가치에 맞게 이끌 수는 있다(Cath, 2018).

정치 규제는 기술 혁신을 억압하는 것이 아니라, 기술이 인간 존엄성과 자유를 강화하는 방향으로 나아가도록 하는 사회적 합의의 표현이다. 기술은 효율성과 이익을 최우선으로 추구할 수 있지만, 인간 사회는 그 너머의 가치를 지켜야 한다.

빅테크 플랫폼의 성장 과정은 규제 없는 기술 발전이 어떻게 사회적 불평등과 민주주의 훼손을 초래했는지를 잘 보여 준다. 페이스북(현 메타) · 유튜브 · 트위터 등은 정보 민주화를 이끈 혁신의 아이콘이었지만, 현재는 허위 정보의 유통과 사회 분열, 정치적 조작을 가능케 하는 핵심 경로로 작동하고 있다.

AI 기술도 이와 같은 경로를 밟지 않으리라는 보장은

없다. 따라서 정치적 규제는 선택이 아니라 필수다. 기술을 통제할 수 없다면, 결국 기술이 인간을 통제하게 될 것이다.

인공지능총서가 제시하는 질문

총서는 AI 기술 발전이 제기하는 위협을 기술적 측면만이 아니라, 사회적 · 정치적 측면에서 심층적으로 분석하고 있다.

1장은 AI 기술 발전의 흐름을 조망하며, 기술 발전이 인간 사회의 구조를 어떻게 변화시키는지를 분석한다. 기술 진보는 자연스러운 선이 아니라, 인간의 선택과 규제가 필수적인 과정임을 보여 준다.

2장은 인간 존엄성과 AI 기술 간의 긴장 관계를 조명하며, 인간 중심의 기술 통제 필요성을 강조한다.

3장은 AI의 윤리적 딜레마를 구체적으로 조망하고, 4장은 개인 정보 보호의 관점에서 자유권을 지키기 위한 정치적 규제의 필요성을 강조한다.

5장은 AI가 인간의 창의성에 미치는 영향을 분석하며, 인간 고유성의 보호가 단순한 문화적 문제가 아니라 인간 존엄성을 방어하는 논리임을 제시한다.

6장은 AI가 노동 시장에 미치는 구조적 변화를, 7장은 기술 결정 과정에서의 책임 공백 문제를 조명하며, 이에 대응하기 위한 새로운 제도적 규제 체계의 필요성을 강조한다.

8장은 AI의 군사적 활용이 불러올 수 있는 인도주의적 위기를, 9장은 AI 기술의 안보적 활용이 초래하는 위협을, 10장은 정보전과 여론 조작을 통한 사회적 혼란 가능성을 중심으로, 국제적 규제 논의의 시급성을 부각한다.

총서는 일관되게 질문한다. '기술은 계속 발전한다. 그러나 인간 사회는 이 변화를 통제할 준비가 되어 있는가?'

새로운 사회 계약을 향하여

AI 시대는 인간과 기술의 관계를 근본적으로 재정립할 것을 요구한다(O'Neil, 2016). 기술은 인간을 지배하는 수단이 아니라, 인간 삶을 풍요롭게 하는 도구로 존재해야 한다. 이를 위해 우리는 기술 발전의 방향을 인간 존엄성과 민주주의라는 핵심 가치에 맞춰야 한다.

새로운 사회 계약은 단순한 선언이 아니라, 구체적인 제도와 정치적 실천을 통해 만들어져야 한다. 투명성, 설명 가능성, 책임성은 AI 시대 사회 계약의 핵심 원칙이 되어야 한다.

이 총서는 완성된 해답을 제공하지 않는다. 대신 적절한 질문을 던진다. 기술이 인간을 통제하는 사회를 만들 것인가, 아니면 인간이 기술을 통제하는 사회를 만들 것인가. 이 총서는 인간 중심 사회를 지키기 위한 성찰과 실천을 독려하는 작은 이정표가 되고자 한다.

참고문헌

Cath, C.(2018). Governing Artificial Intelligence: Ethical, Legal and Technical Opportunities and Challenges. *Philosophical Transactions of the Royal Society A, 376*(2133).

O'Neil, C.(2016). *Weapons of Math Destruction: How Big Data Increases Inequality and Threatens Democracy*. Crown Publishing Group.

Schwab, K.(2016). The Fourth Industrial Revolution. World Economic Forum. https://www.weforum.org/about/the-fourth-industrial-revolution-by-klaus-schwab/

Zuboff, S.(2019). *The Age of Surveillance Capitalism: The Fight for a Human Future at the New Frontier of Power*. PublicAffairs.

01
생성형 AI 규제의 필요성과 국제 협력

생성형 AI는 정보 왜곡, 딥페이크, 선거 개입 등 심각한 사회적 위험을 초래할 수 있다. 기술의 발전을 단순히 수용할 것이 아니라, 인권과 민주주의를 지키기 위한 규범적 통제가 필요하다. 주요 국가와 국제기구는 AI 규제 원칙에 대체로 공감하지만, 정치 체제와 산업 전략 차이로 협력에는 구조적 한계가 존재한다.

AI와 1인 창업?

왜 생성형 AI 규제가 필요한가

생성형 AI는 창의성과 효율성을 높이는 혁신 기술로 주목받지만, 동시에 정보 왜곡, 딥페이크, 혐오 표현 확산, 프라이버시 침해 등 다양한 사회적 위험을 초래하고 있다. 특히 선거 개입이나 정치적 조작에 악용될 가능성은 민주주의 기반을 위협하는 중대한 문제로 지적된다(김현정 · 김주희, 2024a). 기술의 위험성은 단지 기능적 한계에서 비롯되는 것이 아니라, 그 기술이 작동하는 사회적 맥락과 규제 부재에서 심화한다. 생성형 AI는 그 작동 원리나 훈련 데이터가 투명하게 공개되지 않는 경우가 많고, 오류나 편향이 내포된 결과물이 공적 의사 결정에까지 영향을 미칠 수 있다(Pasquale, 2015).

생성형 AI는 기존 검색 기반 모델과 달리 정보 생산에 직접 개입하며, 정답이 불분명한 문제에도 그럴듯한 설명을 제시한다. 이 과정에서 생성된 정보가 사실과 무관하더라도, 사용자에게는 신뢰할 수 있는 내용으로 인식될 수 있다는 점에서 위험성이 크다. 특히 딥페이크 영상과 자동 생성된 가짜 뉴스는 온라인 여론을 왜곡하고, 정치적 갈등을 더욱 심화할 수 있다.

따라서 AI 규제의 핵심은 기술을 단순히 제한하는 것이 아니라, 인권과 민주주의를 보호하면서 기술 발전을 조율하는 데 있다. 유럽연합(EU)은 위험 기반 접근을 채택하여 고위험 AI에 대한 강한 규제를 시도하고 있으며(European Commission, 2021), 경제개발협력기구(OECD)와 유네스코는 투명성, 설명 가능성, 인권 보호 등을 핵심 원칙으로 삼아 규범을 제안하고 있다(OECD, 2019; UNESCO, 2021). 미국도 최근 행정 명령을 통해 기술 남용 방지를 위한 연방 차원의 조치를 강화하고 있다(Federal Register, 2023).

규제는 단지 기술의 속도를 늦추는 장치가 아니라, 사회적 신뢰를 유지하고 민주적 질서를 보전하는 조건이다. 생성형 AI는 누구나 활용할 수 있는 기술이지만, 그 사회적 영향력은 대체로 플랫폼 기업과 알고리즘 설계자에게 집중되어 있다. 시민은 그 과정에 접근하거나 영향을 미칠 수 없으며, 책임 소재 또한 명확하지 않다. 따라서 기술이 공공의 영역에서 작동할수록 규범적 통제가 더욱 요구된다.

주요 국가와 국제기구의 생성형 AI 규제 접근 비교

EU는 2021년 AI 규제안을 발표하며 세계 최초로 포괄적 법제화를 시도했다. 이 규제안은 AI 시스템을 위험 수준에 따라 분류하고, 고위험 AI에 대해서는 데이터 품질, 투명성, 인권 보호 요건 등을 법적으로 강제한다(김현정, 2021). 이러한 접근은 인권 중심 원칙에 기반해 기술을 규율하는 시도이며, 디지털 주권 강화의 하나로 해석된다.

미국은 전통적으로 자율 규제와 시장 중심의 접근을 유지해 왔으나, 최근 생성형 AI의 위험성과 사회적 영향이 부각되며 연방 정부 차원의 개입이 강화되고 있다. 2023년 행정명령은 개인 정보 보호, 노동자 권리 보호, 생성형 AI 투명성 확보 등을 강조하고 있다(Federal Register, 2023). 다만 플랫폼 기업에 대한 구속력 있는 규제가 부족하다는 비판도 존재한다(김현정 · 김주희, 2024b).

중국은 자국 내 데이터 주권을 강화하고, 국가 안보와 사회 안정을 위해 AI를 적극 통제하고 있다. 생성형 AI에 대해서도 별도의 관리 규정을 제정하며, 기업에 대한 실시간 모니터링과 사전 검열 체계를 운영하고 있다. 이러한 접근은 규제라기보다 정치적 통제 도구에 가깝다는 평가도 존재한다(김현정, 2024).

국제기구의 움직임도 활발하다. OECD는 2019년 정부 간 AI 원칙을 발표하며 투명성, 안전성, 설명 가능성

등의 기준을 제시했고(OECD, 2019), 유네스코는 193개국이 동의한 윤리 가이드라인을 통해 인간 중심의 AI 개발을 촉구하고 있다(UNESCO, 2021). G7은 2023년 '히로시마 AI 프로세스'를 통해 생성형 AI 관련 공동 원칙 수립과 국제 협력을 위한 기반을 마련하고 있다(G7, 2023).

이처럼 주요 국가와 국제기구는 AI 규제의 필요성과 원칙에 대체로 공감하지만, 정치 체제와 산업 전략의 차이로 인해 실제 적용 방식에는 큰 차이가 존재한다. 이러한 차이는 국제 협력의 복잡성을 높이는 요소로 작용하고 있으며, 규범 형성의 지연을 초래하는 주요 원인 중 하나다.

국제 협력의 과제

생성형 AI 기술은 그 활용 범위가 국경을 초월하며, 정보 유통과 정치적 영향력에서도 전 세계적으로 작동한다. 그러나 규제는 국가별로 단절되어 있어 법적 공백이 발생하고 있다. 글로벌 플랫폼 기업은 이러한 간극을 이용해 규제를 회피하거나, 규제 수준이 낮은 국가에 서버와 서비스를 집중시키는 방식으로 법망을 우회한다(OECD, 2021).

실효성 있는 규제를 위해서는 국제 협력이 필수다. 그러나 국가마다 법 제도와 정치 체제가 다르고, 기술에 대한 인식과 우선순위가 상이하기 때문에, 협력에는 구조적인 한계가 존재한다. 예컨대 EU는 인권 중심의 규범을 강조하지만, 미국은 기술 혁신과 표현의 자유를 중시하며, 중국은 통제와 안보를 앞세운다. 이러한 상이한 접근은 국제 규범 형성에 장애 요인이 된다(UNESCO, 2021).

민간 기업의 영향력도 간과할 수 없다. 글로벌 테크 기업들은 자율 규제를 주장하며 정부 개입을 최소화하려는 경향을 보이고, 때로는 규범 형성 과정에 직접 로비 활동을 벌이기도 한다. 시민 사회와 공공의 참여가 제한되는 현실은 규제의 정당성과 투명성을 약화할 수 있다(Zuboff, 2019). 이러한 조건에서는 실질적인 규범 형성은 물론, 그 집행 과정에서도 편향된 이해관계가 개입될 가능성이 높아진다.

그런데도 국제 협력을 통한 AI 규범 정립은 불가피한 과제다. 이미 G7, EU, OECD 등은 다자적 협력을 기반으로 생성형 AI에 대한 공동 기준 마련을 시도하고 있으며, 이 과정에서 공공의 가치와 민간의 혁신 사이의 균형을 모색하고 있다. 앞으로는 국가 간 협력뿐 아니라 민간 ·

학계 · 시민 사회가 함께 참여하는 다중 행위자 기반 거버넌스 체계가 더욱 중요해질 것이다.

참고문헌

김현정(2021). “인공지능 기반 사회에 대비한 EU의 전략과 정책: EU의 AI 규제안을 중심으로”. 《한국과 국제사회》, 5(4), 255~277쪽.

김현정(2024). “생성형 인공지능에 관한 중국의 규제 및 주요이슈에 관한 분석”. 《대한정치학회보》, 32(1), 65~86쪽.

김현정·김주희(2024a). “생성형 인공지능에 관한 미국의 규제 및 선거에 미치는 영향 분석”. 《한국과 국제사회》, 8(1), 241~264쪽.

김현정·김주희(2024b). “생성형 인공지능(AI) 영역 내 미국과 유럽연합의 협력과 경쟁”. 《한국과 세계》, 6(2), 629~656쪽.

European Commission(2021). Proposal for a regulation laying down harmonised rules on artificial intelligence. https://digital-strategy.ec.europa.eu/en/library/proposal-regulation-laying-down-harmonised-rules-artificial-intelligence

Federal Register(2023). S*afe, Secure, and Trustworthy Development and Use of Artificial Intelligence.* https://www.federalregister.gov/documents/2023/11/01/2023-24283/safe-secure-and-trustworthy-development-and-use-of-artificial-intelligence

G7(2023). Hiroshima Process International Guiding Principles for Organizations Developing Advanced AI system. https://digital-strategy.ec.europa.eu/en/library/hiroshimaprocess-international-guiding-principles-advanced-ai-system

OECD(2019). Recommendation of the Council on Artificial Intelligence.
https://legalinstruments.oecd.org/en/instruments/oecd-legal-0449

OECD(2021). State of Implementation of the OECD AI Principles. OECD Digital Economy Paper, 311.
https://www.oecd.org/en/publications/state-of-implementation-of-the-oecd-ai-principles_1cd40c44-en.html

Pasquale, F.(2015). *The black box society*. Harvard University Press.

UNESCO(2021). Recommendation on the ethics of artificial intelligence.
https://unesdoc.unesco.org/ark:/48223/pf0000381137

Zuboff, S.(2019). *The Age of Surveillance Capitalism: The Fight for a Human Future at the New Frontier of Power*. PublicAffairs.

02
AI와 인간의 존엄성

AI가 인간의 판단과 역할을 대체하는 시대, 인간다움과 존엄성은 더욱 중요한 가치가 되었다. 존엄성은 기술 발전의 속도에 휩쓸려 사라져서는 안 되며, 인간 중심 설계, 법 제도 강화, 사회적 윤리 감수성 형성이 긴급히 요구된다. 기술 발전은 인간 존엄성의 토대 위에서 이루어져야 한다.

AI와 MBTI?

인간의 존엄성이란 무엇인가

AI가 인간의 판단을 대체하기 시작하면서, 우리는 '인간다움'과 '존엄성'의 의미를 다시 성찰하게 된다. 인간의 존엄성은 단순한 추상 개념이 아니라, 헌법과 인권, 윤리 사상의 핵심 원리로 자리 잡아 왔다. 인간은 어떤 상황에서도 수단이 아닌 목적 그 자체로 존중받아야 하며, 이는 자율성과 자기 결정권을 바탕으로 자신의 삶을 주체적으로 설계할 권리로 확장된다(Kant, 1785; Rawls, 1971; Dworkin, 1994).

우리는 이러한 존엄성을 지키기 위해 법과 제도를 설계해 왔고, 기술 또한 인간 중심으로 개발되어야 한다는 원칙이 강조되어 왔다. 그러나 기술이 점점 강력해지고, 인간의 역할을 대체하려는 순간, 존엄성은 선언이 아니라 실질적인 설계 원칙이 되어야 한다.

AI는 판단을 내릴 수는 있어도, 그 결과에 책임지지 않는다. 판단과 책임의 일치는 존엄성의 핵심이며, 이는 인간의 역할이 단순히 계산과 분석을 넘어서, 가치 판단의 주체로 남아야 하는 이유를 설명해 준다. 기술적 가능성이 윤리적 정당성을 보장하지 않는 한, 존엄성은 기술 설계와 사회 규범의 중심축이 되어야 한다.

AI는 인간의 존엄성을 어떻게 위협하는가

AI는 인간의 삶을 편리하게 만드는 동시에, 인간의 존엄성을 위협할 수 있는 다양한 방식으로 작동한다. 복지 행정에서의 자동화 시스템은 그 대표적 사례다. 호주의 로보데트(Robodebt) 사건에서는 알고리즘이 실직자들을 부정수급자로 간주해 자동으로 금액을 환수했고, 이는 심각한 생계 위기와 자살로 이어졌다(Felstead et al., 2023).

이 사례는 인간의 삶을 정량적 데이터로만 판단하고, 예외적 맥락을 고려하지 않는 구조에서 발생한 문제다. 복지 · 의료 · 교육과 같은 공공 영역에서 인간이 기계적으로 분류되고 평가되는 현실은 인간을 주체가 아닌 객체로 취급하는 시스템 구조를 드러낸다.

감시 기술의 발전 또한 존엄성을 침식한다. 얼굴 인식, 생체 정보 추적, 위치 데이터 활용 등은 시민을 끊임없이 감시할 수 있는 존재로 만들며, 일상의 자율성을 위협한다. 이는 감시 자본주의 체제의 한 단면으로, 인간이 자신도 모르게 통제되는 구조다(Zuboff, 2019).

생성형 AI는 인간의 언어 · 감정 · 창의성을 점점 더 정교하게 모사하며, 인간만의 고유한 능력에 대한 경계도 흐려지고 있다. 기술이 인간보다 더 유창하게 쓰고 말

하고 창작하는 시대, 우리는 인간다움이란 무엇인가를 다시 물을 수밖에 없다. 존엄성은 단지 생물학적 인간에게 주어지는 것이 아니라, 사회적 · 도덕적 지위를 포함하는 개념이기 때문이다.

기술 변화가 존엄성 개념을 모호하게 만들 수 있다는 지적도 존재한다. 인간 고유의 지위를 유지하기 위해서는 존엄성의 개념을 시대에 맞게 재정립해야 하며, 그렇지 않으면 인간 중심 윤리가 기능하지 못하게 된다는 우려가 제기된다(Teo, 2023). 일부 연구는 AI가 '고통을 느끼는 것처럼 보이는' 단계에 도달할 경우, 인간 중심 윤리 자체가 붕괴할 수 있으며, 전 지구적 수준의 윤리적 모라토리엄—AI 개발을 일시적으로 중단하는 윤리적 조치—이 필요하다는 주장을 제시한다(Metzinger, 2021).

AI 시스템을 도덕적 고려의 대상으로 간주해야 한다는 주장도 제기된다. 이러한 관점은 인간 중심 윤리의 한계를 지적하며, 기술 발전과 인간 존엄성의 공존 가능성을 재검토할 것을 요구한다(Sebo & Long, 2023).

존엄성 보장을 위한 기술·윤리·제도적 조건

존엄성을 지키면서 AI 기술을 발전시키기 위해서는 기술 설계 · 제도 · 윤리의 세 가지 요소가 함께 작동해야 한다. 첫째, 기술은 인간 중심으로 설계되어야 하며, 인간의 자율성과 판단을 보조하는 방향으로 기능해야 한다. 알고리즘은 설명할 수 있어야 하고, 오류 발생 시 책임 구조가 명확해야 한다(OECD, 2019).

둘째, 법과 제도는 존엄성을 보호할 수 있는 실질적 장치를 갖추어야 한다. EU는 AI 법(AI Act)을 통해 고위험 기술에 대해 인권 영향 평가와 감시 체계를 제도화하고 있으며, 인간의 기본권에 영향을 줄 수 있는 기술은 사전 심사를 의무화하고 있다(European Commission, 2021).

셋째, 시민의 윤리적 감수성과 사회의 상상력이 중요하다. 유네스코는 AI 윤리를 단지 기술자나 기업의 문제가 아닌 사회 전체의 문화와 교육의 문제로 간주하며, 공동의 윤리적 판단 능력 형성을 강조하고 있다(UNESCO, 2021).

기술은 독립적으로 윤리성을 갖지 않는다. 그것은 인간의 가치 판단에 따라 방향이 결정되는 도구이며, 결국 우리가 물어야 할 질문은 '어떤 기술을 만들 것인가'가 아니라 '어떤 사회를 지향할 것인가'이다. 존엄성을 중심에 둔 기술 발전은 선택이 아니라 필수이며, 기술의 방향성을 결정하는 것은 결국 인간이어야 한다.

참고문헌

Dworkin, R.(1994). *Life's Dominion: An Argument About Abortion, Euthanasia, and Individual Freedom.* Vintage Books.

European Commission(2021). Proposal for a regulation laying down harmonised rules on artificial intelligence. https://digital-strategy.ec.europa.eu/en/library/proposal-regulation-laying-down-harmonised-rules-artificial-intelligence

Felstead, C., et al.(2023). A Dignity Perspective on the Potential Harm of AI Technologies. *ACIS 2023 Proceedings. 100.* https://aisel.aisnet.org/acis2023/100

Kant, I.(1785). Groundwork of the Metaphysics of Morals. Oxford University Press. 김재호 옮김(2007). 《도덕 형이상학 정초》. 위너스초이스.

Metzinger, T.(2021). Artificial Suffering: An Argument for a Global Moratorium on Synthetic Phenomenology. *Journal of Artificial Intelligence and Consciousness, 8*(01), pp.43~66.

OECD(2019). Recommendation of the Council on Artificial Intelligence. https://legalinstruments.oecd.org/en/instruments/oecd-legal-0449

Rawls, J.(1971). *A Theory of Justice.* Harvard University Press.

Sebo, J. & Long, R.(2023). Moral Consideration for AI Systems by 2030. *AI and Ethics, 5*(1), pp.591~606.

Teo, S.(2023). Human Dignity and AI: Mapping the Contours and Utility of Human Dignity in Addressing Challenges Presented by AI. *Law, Innovation and Technology, 15*(1),

pp.241~279.
UNESCO(2021). Recommendation on the ethics of artificial intelligence.
https://unesdoc.unesco.org/ark:/48223/pf0000381137
Zuboff, S.(2019). *The Age of Surveillance Capitalism: The Fight for a Human Future at the New Frontier of Power.* PublicAffairs.

03
AI와 윤리적 딜레마

AI는 점점 더 윤리적 결정을 요구받고 있지만, 인간의 감정과 공감을 완전히 대체할 수는 없다. 자율 주행차나 의료 AI 사례는 이러한 윤리적 갈등이 단순한 기술 문제가 아님을 잘 보여 준다. AI의 윤리성을 확보하기 위해서는 인간의 최종 책임 원칙, 투명성의 확보, 사회적 합의에 기반한 규제와 거버넌스 체계가 필수적이다.

AI와 난임 극복?

윤리적 판단의 기계화는 가능한가

AI가 인간의 결정을 대체하는 시대, 기술은 점점 더 윤리적 판단을 요구받는다. 그러나 인간의 윤리적 판단은 단순한 논리 연산을 넘어 감정, 공감, 맥락 이해를 포함한다. AI는 이러한 판단을 코드와 데이터로 구성하려고 하지만, 윤리적 딜레마에는 정답이 존재하지 않는 경우가 많다. 이 점에서 기술은 근본적으로 인간의 도덕적 복잡성을 완전히 포착하기 어렵다(Moor, 2006).

일부 논의에서는, 기술이 인간 사회 내에서 관계적으로 기능할 수 있도록 윤리 시스템을 설계할 수 있다고 주장한다. 예컨대 윤리적 판단은 정해진 정답을 따르기보다는, 책임감과 공감을 갖춘 사람처럼 상황에 따라 판단하는 데 더 가깝다. 이러한 접근은 철학적으로 '덕 윤리(virtue ethics)'라 불리며, AI 분야의 일부 연구자들은 AI 또한 단순한 규칙이 아니라 맥락에 반응하는 방식으로 설계되어야 한다고 본다.

그러나 이는 기술적으로 구현하기 어려울 뿐 아니라, 윤리에 대한 문화적 다양성을 수용하는 데도 한계가 있다(Coeckelbergh, 2020). 기계가 윤리적이라는 판단을 얻기 위해서는, 단순한 규칙 설정을 넘어서는 복합적 조건과 정교한 설계가 필요하다.

결국 윤리적 판단의 기계화는 가능하더라도, 제한적이며 인간적 통찰력과 도덕적 감수성을 대체할 수 없다는 데 공감대가 형성되고 있다. 기술의 윤리적 활용은 단지 알고리즘 설계의 문제가 아니라, 그 판단이 어떤 인간적 · 사회적 결과를 낳는지를 함께 고려해야 하는 문제다.

사례로 보는 AI 윤리 딜레마

AI 윤리 딜레마는 추상적 논의보다 실제 사례를 통해 더욱 선명하게 드러난다. 대표적으로 자율 주행차의 사고 상황은, 보행자와 탑승자 중 누구의 생명을 우선해야 하는지를 판단해야 하는 윤리적 난제를 제기한다. 이는 '트롤리 딜레마'로 알려진 고전적 윤리 문제, 즉 하나의 생명을 희생시켜 더 많은 생명을 구해야 하느냐는 질문과 유사하다. 하지만 실제 자율 주행차의 판단 상황에서는, 피해자의 나이, 사회적 배경, 법적 책임 유무 등 현실적 요소들이 결합해 단순한 알고리즘이나 수치 계산으로는 윤리적으로 타당한 결론을 내리기 어렵다(Goodall, 2016).

의료 AI 역시 윤리적 딜레마에서 벗어나지 않는다. 진단 보조 시스템이나 치료 알고리즘은 환자의 생명과 직

결되는 결정을 내리지만, 환자의 삶의 질이나 고유한 상황은 데이터로 수치화되기 어렵다. 특히 생명 연장과 존엄 사이의 가치 충돌은 기계적으로 해결될 수 없는 본질적인 윤리 문제이다(Char et al., 2018).

이와 유사하게 채용 알고리즘이나 신용 평가 시스템은 특정 계층이나 인종, 성별 등을 차별하는 방식으로 작동할 수 있다. 이는 기술적 결함이 아니라, 학습 데이터에 내재한 사회적 편견이 그대로 반영된 결과다(Eubanks, 2018). 알고리즘이 사회 구조를 복제하거나 심화할 수 있다는 점에서 기술은 윤리적 판단의 도구가 아니라 새로운 윤리적 위험의 원천이 되기도 한다.

이러한 사례들이 보여 주는 공통점은, AI가 정답을 찾는 도구라기보다 피해와 책임의 분배를 결정하게 된다는 점이다. 기술은 특정 결과를 도출할 수 있으나, 그 결과가 누구에게 어떤 영향을 미치는지는 사회적 가치 판단에 달려 있다. 결국 윤리적 판단의 문제는 사회가 어떤 책임 구조를 설정하고 어떤 기준을 수용할 것인가의 문제다.

해결을 위한 조건

AI 윤리 딜레마를 해결하기 위해서는 기술적 접근만으

로는 부족하다. 윤리는 사회적 합의와 문화적 맥락 속에서 형성되기 때문이다. 첫째, AI의 결정은 인간의 보조일 뿐이며, 그 책임은 최종적으로 인간이 진다는 원칙이 분명해야 한다. 기술은 도구이고, 결정은 사람의 몫이다.

둘째, 윤리적 정당성을 확보하기 위해 기술 개발 단계부터 다양한 이해관계자가 참여해야 한다. 윤리 전문가, 시민 사회, 정책 담당자 등 다양한 주체들이 알고리즘 설계에 개입함으로써, 기술의 정당성을 절차적으로 확보해야 한다(Floridi et al., 2018). 윤리는 합의의 문제이며, 기술만으로는 그 합의를 생성할 수 없다.

셋째, AI의 판단 과정은 설명할 수 있어야 하며, 판단 기준과 결과에 대한 투명성이 확보되어야 한다. 시민이 판단의 근거를 이해하고, 그 결정에 대해 이의를 제기할 수 있어야 윤리적 신뢰가 형성된다(Weller, 2019). 투명성은 단지 기술적 기능이 아니라, 시민의 권리와 연결된 문제다.

이와 같은 조건들이 충족되어야만, AI가 윤리적 판단에 개입하는 상황에서도 사회적 수용성과 책임성을 확보할 수 있다. AI는 윤리적 문제를 단순화하거나 자동화할 수 없으며, 오히려 인간 사회의 윤리 기준을 더 정교하게 반영해야 한다. 기술은 윤리의 대체물이 아니라, 윤리의 매개체로서 작동해야 한다.

참고문헌

Char, D., et al.(2018). Implementing Machine Learning in Health Care – Addressing Ethical Challenges. *The New England Journal of Medicine, 378*(11), pp.981~983.

Coeckelbergh, M.(2020). *AI Ethics*. MIT Press.

Eubanks, V.(2018). *Automating Inequality: How High-Tech Tools Profile, Police, and Punish the Poor*. St. Martin's Press.

Floridi, L., et al.(2018). AI4People – an ethical framework for a good AI society: opportunities, risks, principles, and recommendations. *Minds and Machines, 28*, pp.689~707.

Goodall, N.(2016). Away from Trolley Problems and Toward Risk Management. *Journal of Transportation Safety & Security. 30*(8), 810-821.

Moor, J.(2006). The Nature, Importance, and Difficulty of Machine Ethics. *IEEE Intelligent Systems, 21*(4), pp.18~21.

Weller, A.(2019). Transparency: Motivations and Challenges. In W. Samek et al. (Ed.), *Explainable AI: Interpreting, Explaining and Visualizing Deep Learning*(pp.23~40). Berlin: Springer-Verlag.

04
AI와 개인 정보 보호 문제

AI는 일상 데이터를 수집 · 분석하며 개인 정보 침해 위험을 키우고 있다. 개인 정보 보호는 단순한 기술 문제가 아닌 권리와 권력의 문제다. 유럽의 GDPR(일반 개인 정보 보호법), 미국의 CCPA(캘리포니아 소비자 프라이버시 법) 등 다양한 규제가 존재하지만, 국경을 넘는 데이터 흐름에 대응하려면 국제적 협력이 필수적이다.

AI와 사주?

AI는 어떻게 개인 정보를 침해하는가

AI는 인간의 행동과 선호를 예측하기 위해 대규모의 데이터를 수집하고 분석한다. 이 데이터는 단순한 숫자가 아니라, 위치 정보, 건강 상태, 금융 기록, 검색 이력 등 개인의 민감한 정보까지 포함된다. 문제는 이 정보들이 단편적으로 존재하는 것이 아니라, 다른 데이터와 결합할 경우 특정 개인을 다시 식별할 수 있다는 점이다. 이른바 '비식별화된 데이터'조차도 결합 분석을 통해 사생활이 노출될 수 있다(Zuboff, 2019).

AI는 스마트폰 앱, 웨어러블 기기, CCTV, 검색 엔진, 소셜 미디어 플랫폼 등 다양한 경로를 통해 사용자의 디지털 흔적을 수집한다. 이 과정에서 사용자에게 제공되는 정보 동의 절차는 형식적으로 이뤄지는 경우가 많고, 정보 제공자는 실제로 그 동의의 내용을 충분히 이해하지 못하는 경우도 적지 않다. 데이터의 수집과 활용은 갈수록 확대되고 있지만, 사용자는 자신의 정보가 어떻게 활용되는지 알기 어렵고, 이를 통제할 권한은 점점 더 약화하고 있다(Crawford, 2021).

또한 AI 알고리즘은 학습에 사용된 데이터에 내재한 편향을 그대로 반영하여, 특정 집단에 불리한 판단을 내리기도 한다. 예를 들어, 자동화된 신용 평가, 채용 시스템, 범죄 예측 알고리즘 등은 기존 사회 구조의 불평등을 학습하여 재생산한다. 이는 개인 정보 침해를 단순한 사생활 보호의 문제가 아니라, 차별과 배제라는 인권의 문제로 확장한다.

AI가 수집하는 데이터는 양적 규모뿐 아니라, 정성적 측면에서도 개인의 삶을 깊이 있게 추적하고 분석할 수 있다. 예를 들어 일상의 검색 패턴, 음성 명령, 소비 기록은 그 사람의 정치적 성향, 건강 상태, 심리적 취약성까지 추론하는 데 활용될 수 있다. 상업적 목적이나 보안을 이유로 한 이러한 프로파일링은, 개인의 삶을 낱낱이 드러내고 결국 사람들이 누군가의 시선을 의식해 자신을 제한하게 만드는 구조를 만들어 낸다.

개인 정보 보호를 위한 국내외 규범 비교

AI 시대의 개인 정보 보호는 단순한 데이터 수집과 활용의 문제를 넘어서, 정보 주체의 권리를 중심에 둔 규범 체계로 진화하고 있다. 대표적인 사례는 EU의 일반정보보호규정(GDPR, General Data Protection Regulation)이다. GDPR은 데이터 최소 수집, 명확한 동의, 처리 목적의 제한, 자동화된 결정에 대한 설명 가능성 등을 핵심 원칙으로 삼으며, 정보 주체가 자신의 데이터에 대해 실질적인 통제권을 행사할 수 있도록 설계되었다(Voigt & Bussche, 2024).

특히 GDPR은 '잊힐 권리', '프로파일링에 대한 거부권' 등 기존 개인 정보 보호법에서 다루기 어려웠던 권리들을 명시적으로 포함하고 있으며, 위반 시에는 매출의 최대 4%에 해당하는 벌금을 부과할 수 있는 강력한 집행력을 가진다. 이는 데이터 보호를 단순한 권고가 아닌, 법적 책임의 영역으로 끌어올린 사례로 평가된다.

미국은 연방 차원의 포괄적 개인 정보 보호법은 존재하지 않지만, 캘리포니아의 소비자 프라이버시법(CCPA, The California Consumer Privacy Act)과 같은 주 단위 규제가 존재한다. CCPA는 정보 제공자의 알 권리, 삭제 요청권, 데이터 판매 거부권 등을 보장하며, GDPR의 영향을 받아 소비자 중심의 데이터 권리 인식을 확산하고 있다. 그러나 자율 규제적 성격이 강하고, 기업 중심의 정보 처리 관행이 여전히 주류를 이루고 있어 보호의 실효성에는 한계가 있다는 평가도 있다.

한국은 개인 정보 보호법을 통해 AI 환경에서의 데이터 보호를 규율하고 있다. 자동화된 결정에 관한 통제 조항, 개인 정보 영향 평가, 데이터 가명 처리 등에 관한 규정이 포함되어 있으며, 개인정보보호위원회를 중심으로 감독 체계도 운영되고 있다. 하지만 개인정보보호위원회의 권한과 집행력은 여전히 제한적이고, 기업의 자율성을 견제할 수 있는 실질적 수단도 부족하다는 지적이 제기된다(유현원, 2023).

이처럼 국가별 규범은 공통으로 개인 정보 보호의 중요성에 동의하지만, 접근 방식과 집행 체계에는 큰 차이가 존재한다. GDPR처럼 권리 중심의 보호를 강화하는 모델과, 자율성과 시장 효율을 중시하는 모델 사이에서 규범적 균형을 찾는 것이 국제적 과제로 떠오르고 있다. AI는 그 특성상 국경을 초월해 작동하기 때문에, 개별 국가의 대응만으로는 충분하지 않으며, 이를 조율할 수 있는 국제적 기준과 협력이 요구된다.

법적·제도적 대응 과제

AI 시대의 개인 정보 침해는 단순한 기술적 문제가 아니다. 그것은 정보 수집과 활용의 권한이 누구에게 있는가, 그리고 개인이 어떤 통제력을 행사할 수 있느냐는 권력과 권리의 문제로 확장된다. 기술이 고도화될수록 데이터는 새로운 자산이자 통제 수단이 되며, 이에 대한 규범적 대응이 더욱 절실해진다.

첫째, 사용자에게는 자신의 데이터가 어떻게 수집 ·

처리되는지를 알 권리와 개입할 권리가 보장되어야 한다. 단순히 서비스 이용 전에 '동의서'를 점검하는 수준이 아니라, 정보 주체가 데이터의 흐름과 용도에 대해 실질적으로 이해하고, 필요시 이를 수정하거나 삭제할 수 있어야 한다. 정보 접근, 정정, 삭제 요청권이 실질적으로 작동하기 위해서는 명확한 절차와 기술적 · 제도적 장치가 함께 마련되어야 한다.

둘째, AI 알고리즘이 내리는 판단에 대해 책임의 주체와 설명의 의무가 명확히 규정되어야 한다. 이는 단순한 기술적 투명성의 문제가 아니라, 제도적 책임 구조의 문제다. 알고리즘의 로직, 데이터 출처, 처리 기준은 외부에 공개되어 검증할 수 있어야 하며, 오류나 차별적 결과가 발생했을 때 책임을 회피할 수 없는 체계가 필요하다(Wachter et al., 2017).

셋째, 개인 정보 보호는 국가와 기업만의 조정 구조로는 충분하지 않다. 시민 사회와 공공의 참여, 감시 권한이 제도적으로 보장되어야 한다. 데이터는 단지 개인의 재산이 아니라, 사회적 관계와 상호 작용 속에서 형성되는 공적 자원이기도 하다. 따라서 데이터 거버넌스는 다양한 이해관계자가 참여하는 협치 구조를 갖추어야 하며, 규범의 형성과 집행 과정 모두에 시민이 참여할 수 있어야 한다(Taylor et al., 2017).

이러한 조건이 충족되어야만, 개인 정보 보호는 형식적 절차를 넘어 실질적인 권리 보장으로 기능할 수 있다. AI 기술의 발전이 개인의 자유와 존엄을 해치지 않도록 하기 위해서는 기술 중심의 논리를 넘어, 인간 중심의 윤리적 · 법적 기준이 제도 전반을 이끌어야 한다. 개인 정보는 단지 데이터가 아니라, 인간의 권리이자 존엄의 기초이기 때문이다.

참고문헌

유현원(2023). "2023년 개인정보보호 연차보고서" https://www.pipc.go.kr/np/cop/bbs/selectBoardArticle.do?bbsId=BS079&mCode=D070020000&nttId=9246

Crawford, K.(2021). *Atlas of AI.* Yale University Press.

Taylor, L., et al.(2017). *Group Privacy: New Challenges of Data Technologies.* Springer.

Voigt, P. & Bussche, A.(2024). *The EU General Data Protection Regulation(GDPR): A Practical Guide.* 2nd edition. Berlin: Springer.

Wachter, S., et al.(2017). Why a Right to Explanation of Automated Decision-Making Does Not Exist in the General Data Protection Regulation. *International Data Privacy Law, 7*(2), pp.76~99.

Zuboff, S.(2019). *The Age of Surveillance Capitalism: The Fight for a Human Future at the New Frontier of Power.*

PublicAffairs.

05
AI와 창의성의 경계

AI는 예술 창작의 영역까지 침투하고 있다. 그러나 AI의 결과물은 인간의 감정과 의도를 바탕으로 한 창의성과는 본질적으로 다르다. AI 창작물의 법적 지위와 저작권 문제는 새로운 쟁점으로 떠오르고 있으며, 인간-AI 협업 시대에 걸맞은 권리 분배와 규제의 재설계가 요구된다.

AI와 아이돌?

창의성은 인간만의 영역인가?

생성형 AI는 대규모 데이터를 학습해 시, 음악, 미술 등 다양한 창작물을 만들어 낸다. 이러한 결과물은 종종 인간의 창작물과 유사해 보이며, 실제 전시나 출판, 상업적 이용 사례도 빠르게 확산하고 있다. 하지만 기술이 만들어 낸 결과와 인간의 창의성 사이에는 본질적인 차이가 존재한다. 인간의 창의성은 내면의 감정, 동기, 삶의 경험에서 비롯되며, 자율성과 의도를 전제로 한다. 반면 AI는 주어진 데이터 내에서 통계적 패턴을 추출하고 조합하는 방식으로 결과물을 생성한다(Boden, 2003).

이러한 차이는 예술의 개념뿐 아니라 법적 판단에도 직접적인 영향을 미친다. 현재 대부분의 국가에서 저작권은 자연인에게만 인정되며, 기계가 독자적으로 생성한 결과물은 원칙적으로 저작물로 보호되지 않는다. 일부 국가에서는 인간 창작자가 개입한 정도에 따라 보호 여부를 판단하거나, AI를 도구로 본 사용자에게 권리를 부여하려는 시도도 있지만, 명확한 기준은 아직 확립되지 않았다(Gervais, 2020).

AI가 단순한 보조 수단을 넘어 창작의 전 과정을 주도하게 되면서, '누가 창작자인가'에 대한 법적 · 철학적 기준은 더욱 모호해지고 있다. 과거에는 창작 주체가 분명

했지만, 지금은 인간과 기계가 공동으로 작업을 수행하고, 결과물의 완성에 인간의 개입이 어디까지 있었는지를 파악하는 것이 핵심 쟁점이 되었다. 이처럼 창작의 의미와 책임 소재가 불분명해지는 상황에서, 기존의 저작권 제도는 새로운 기술 환경을 온전히 포괄하지 못하고 있다.

특히 예술 영역에서 '의미 있는 개입'이라는 개념은 창작의 동기와 맥락을 중시하는 경향이 있으므로, AI의 결과물에 인간의 의도나 맥락이 얼마나 반영되었는지를 따지는 기준 마련이 더욱 절실해지고 있다. 현재의 저작권 제도는 인간 중심 창작을 전제로 설계되어 왔기 때문에, 생성형 AI가 중심이 되는 창작 구조는 기존 제도의 외연을 넘어서는 상황이다.

AI가 창작의 결과물만을 만들어 내는 것이 아니라, 창작의 '방식' 자체를 바꾸는 국면에 들어서면서, 창작 행위에 대한 사회적 · 법적 정의도 함께 재설계되어야 한다. 단순한 도구로서의 AI가 아니라, 창작자이자 협업자로 작동하는 AI에 대해 어떤 기준과 권리를 설정할 것인가는 이제 피할 수 없는 질문이 되었다.

AI 창작물과 저작권 체계의 충돌

AI가 생산하는 창작물이 급증하면서, 기존의 저작권 체계는 전례 없는 긴장에 직면하고 있다. AI가 생성한 결과물이 기존 저작물과 유사하거나, 원저작물을 학습한 결과라면 이 결과물은 누구의 권리를 침해하는가? 그리고 그 결과물에 대한 권리는 누구에게 돌아가는가? 이 질문은 단순히 창작의 문제를 넘어서, 훈련 데이터의 출처, 창작 과정의 투명성, 결과물의 법적 지위 등 다층적인 문제로 확산한다.

EU는 이 문제를 AI 법안(EU AI Act)에서 다루기 시작했다. 특히 생성형 AI 모델이 저작권 보호 대상인 콘텐츠를 학습 데이터로 사용할 경우, 그 사실을 명확히 공개하고 관련 저작권을 준수할 의무를 명시하고 있다(European Parliament, 2023). 이는 AI의 결과물이 아니라, 학습 과정 자체가 저작권 침해가 될 수 있음을 인정한 점에서 중요한 전환이다.

범용 생성형 AI 모델에 대해서는 훈련에 사용된 콘텐츠의 범위, 출처, 사용 방식 등을 설명할 책임이 부과되고 있으며, 이는 단순한 라이선스 문제를 넘어 창작의 투명성과 정당성을 요구하는 흐름으로 읽힌다. 기존의 텍스트 및 데이터 마이닝 예외조항(TDM, Text and Data

Mining)을 적용하는 데도 한계가 있다는 인식 아래, 별도의 규범 정비가 병행되고 있다(Quintai, 2023).

반면 미국은 더 유연한 태도를 보인다. 미국 저작권청은 인간의 창작 기여가 없는 AI 생성물에 대해서는 저작권 보호를 부여하지 않는다는 태도를 분명히 밝혔으며, 최근 보고서에서도 이를 재확인했다(U.S. Copyright Office, 2025). 그러나 훈련 데이터의 출처나 사용에 대한 규제는 미흡하며, 주로 기업의 자율에 의존하고 있다. 미국 내에서도 AI 저작권과 관련된 제도적 공백을 지적하며, 훈련 데이터의 활용 방식에 대한 정책적 검토가 필요하다는 분석이 제기되고 있다(Blaszczyk et al., 2024).

한국의 경우, AI 창작물 보호에 대한 입법 논의는 아직 초기 단계다. 방송통신위원회는 보고서를 통해 AI 결과물에 대한 법적 보호가 불확실하다는 점을 지적했고, 인간의 기여도와 개입 정도를 중심으로 새로운 판단 기준을 마련해야 한다는 제안이 제기되고 있다(유정민, 2023). 하지만 아직 명확한 가이드라인은 마련되지 않았고, 다양한 이해당사자 간의 논의도 초기 수준에 머물러 있다.

전 세계적으로 AI 창작물에 대한 규제는 통일된 기준 없이 각국이 서로 다른 접근을 취하고 있다. 일부 국가는

AI 생성물에 대한 별도의 보호를 도입하려 하고 있지만, 국제적 합의는 부재한 상태이며, 사건별 · 국가별로 다른 해석이 적용되고 있다. 이 상황에서 EU의 접근은 저작권 질서의 새로운 방향을 제시하는 대표적 사례로 평가받고 있다.

결국 AI가 만든 창작물이 법의 보호를 받기 위해서는 결과물뿐 아니라, 훈련 데이터와 생성 과정까지 투명하게 관리되고 규율되는 체계가 필요하다. 생성형 AI의 창작물은 창작의 끝이 아닌, 그 출발점부터 다시 들여다봐야 할 대상이다.

협업 창작과 규제의 재설계

생성형 AI는 단순한 도구를 넘어, 창작 파트너이자 협업자로 기능하고 있다. 프롬프트를 설계한 인간의 입력을 바탕으로 AI가 텍스트, 이미지, 음악 등의 결과물을 생성하는 구조는 단순 위임이 아닌 공동 창작의 양상을 띤다. 그러나 이처럼 인간과 AI가 함께 창작에 참여한 경우, 누구의 기여가 결정적이었는지를 평가하는 기준은 여전히 불명확하다(Ballardini et al., 2019).

AI는 인간이 구현하기 어려운 속도와 다양성으로 콘텐츠를 대량 생산할 수 있으며, 기업들은 이를 활용해 창작 비용을 줄이고 경쟁력을 확보하고 있다. 반면, 개인 창작자는 이에 비해 상대적으로 열악한 조건에 놓이게 되고, 창작 생태계 내 권리 불균형이 심화한다. AI 도구가 콘텐츠를 '제작'하는 과정에서 기존 창작자의 노동과 권리가 위협받는 구조가 형성되고 있다.

이러한 현실에서 규제는 기술의 중립성을 전제로 할 것이 아니라, 창작의 권리 분배 구조에 주목해야 한다. 창작 기여도, 권리 귀속, 책임 소재를 명확히 하는 기준이 마련되어야 하며, 이를 바탕으로 공정한 시장 환경을 조성할 필요가 있다. 특히 창작의 결과물뿐 아니라, 과정에 대한 법적 평가 기준이 동반되어야 한다.

기존 저작권 체계는 인간 중심 창작을 전제로 발전해 왔다. 하지만 지금은 인간과 AI가 협력하는 창작 구조가 일상화되고 있으며, AI의 개입이 증가할수록 창작 정의와 권리 주체성도 변화하고 있다. 인간이 '프롬프트'를 입력한 것만으로 창작자로 간주할 수 있는지, 아니면 AI가 생성한 결과물의 창작성에 따라 권리를 판단해야 하는지에 대한 기준은 여전히 논란의 대상이다.

AI 협업 창작 시대에는 새로운 저작권 체계와 창작 개념이 요구된다. 저작권 보호의 목적이 창작자 보호와 공정한 창작 환경 조성에 있다면, 인간-AI 협업 현실을 반영한 창작 개념의 재정의와 함께, 권리 분배 원칙과 책임 귀속 기준의 재설계가 필요하다. 이는 단순한 기술 규제가 아니라, 창작 생태계의 지속 가능성을 위한 핵심 조건이다.

참고문헌

유정민(2023). "2023년 지능정보사회 이용자 패널조사 결과 보고서" https://kcc.go.kr/user.do;jsessionid=1K2sv0o5HVr7zR2EfPAZpuW27bXAdrNX7wr51bwE.servlet-aihgcldhome20?mode=view&page=A02060400&dc=&boardId=1030&cp=1&boardSeq=61938

Ballardini, R. M., et al. (2019). AI-Generated Content: Authorship and Inventorship in the Age of Artificial Intelligence. In T. Pihlajarinne, J. Vesala, & O. Honkila (Ed.), *Online Distribution of Content in the EU* (pp. 117-135). Cheltenham: Edward Elgar.

Blaszczyk, M., et al.(2024). Artificial Intelligence Impacts on Copyright Law. RAND. https://www.rand.org/pubs/perspectives/PEA3243-1.html

Boden, M.(2003). *The Creative Mind: Myths and Mechanisms(2nd ed.)*. Routledge.

European Parliament(2023). EU AI Act: First Regulation on Artificial Intelligence. https://www.europarl.europa.eu/topics/en/article/20230601STO93804/eu-ai-act-first-regulation-on-artificial-intelligence

Gervais, D.(2020). The Machine as Author. *Iowa Law Review, 105*(5), pp.2053~2092.

Quintai, J. P.(2023.5.9). Generative AI, Copyright, and the AI Act. Kluwer Copyright Blog.
https://copyrightblog.kluweriplaw.com/2023/05/09/generative-ai-copyright-and-the-ai-act/

U.S. Copyright Office(2025). Copyright Office Releases Part 2 of Artificial Intelligence Report. NewsNet, 1060.
https://www.copyright.gov/newsnet/2025/1060.html

06

AI와 노동

AI는 단순 반복 작업뿐 아니라 지식과 창의 영역까지 대체하고 있다. 고숙련 노동자는 기회를 얻지만, 중간 수준의 숙련 노동자는 대체되며 노동 시장의 양극화는 심화하고 있다. 디지털 전환에 따른 노동 변화는 제도적 대응 없이 방치될 때 불평등을 구조화할 위험이 있으며, 노동법과 사회 보장 체계의 전면적인 재구성이 요구된다.

AI와 야구?

디지털 전환 노동과 규제 공백

산업 혁명 이후 기술 발전은 늘 노동 구조를 뒤흔들어 왔다. 그러나 최근 AI 기술은 이전과는 비교할 수 없는 속도와 범위로 노동 시장을 재편하고 있다. 특히 AI는 단순 반복 작업을 넘어 사고와 판단의 영역까지 침투하며 노동의 가치와 의미를 바꾸고 있다(Acemoglu & Restrepo, 2020).

최근 국제통화기금(IMF)의 연구에 따르면, AI 도입률이 높은 미국 지역일수록 2010~2021년 사이 고용률이 더 큰 폭으로 하락한 것으로 나타났다. 이는 AI 확산이 실제 고용 수준에 구조적 영향을 미친다는 점을 실증적으로 보여 주는 중요한 사례다.

PwC(2024)의 'AI 일자리 변화 지표(AI Jobs Barometer)'에 따르면, AI에 많이 노출된 산업은 평균보다 약 4.8배 빠른 속도로 노동 생산성이 향상되었지만, 이러한 생산성 증대가 일자리 창출로 곧바로 이어지는 것은 아니다.

디지털 전환 노동은 특히 회계, 번역, 법률 보조, 언론 편집, 고객 응대 등 지식 기반 직무에서 두드러진다(Frey & Osborne, 2017). 이러한 직무들은 생성형 AI, 자동화된 협업 도구, 원격 플랫폼 기반 기술에 의해 빠르게 대체되거나 재구성되고 있다. 문제는 단순한 일자리 감소가 아니라, 고용의 질 자체가 흔들린다는 데 있다.

플랫폼 기반 노동, 프리랜서화, 알고리즘에 의한 업무 할당은 전통적 고용의 안정성을 약화하고 있다. 계약은 외주화되고, 업무는 단기화되며, 노동자는 더 이상 보호의 대상이 아닌 관리의 객체로 전락한다(De Stefano, 2016). 특히 프롬프트 기반 협업이나 자동화 콘텐츠 편집과 같은 새로운 디지털 직무는 노동자의 기여를 평가하거나 법적으로 보호하는 기준조차 명확하지 않다.

결과적으로 기술은 일자리를 대체하는 동시에, 노동시장의 양극화를 심화하고 있다. 고숙련 인력은 AI와의 협업을 통해 기회를 얻지만, 중간 이하 숙련 노동자는 대체되거나 불안정한 형태의 고용으로 밀려난다. 이 격차는 단지 기술의 문제가 아니라, 기술에 대응하지 못한 제도의 문제이기도 하다.

일자리의 재구성

AI는 노동을 단순히 대체하는 데 그치지 않고, 노동의 성격과 조직 방식 자체를 바꾸고 있다. 특히 생성형 AI의 확산은 인간의 역할을 축소하기보다는, 인간과 기계 간의 새로운 협업과 조율을 요구하고 있으며, 이는 노동

시장 내 분업 구조에 근본적인 변화를 야기하고 있다(Brynjolfsson & McAfee, 2014).

대표적인 변화는 '프롬프트 설계'나 '데이터 윤리 감독' 같은 신종 직무의 등장이다. 이러한 직무는 과거에 존재하지 않았던 창의적 · 분석적 능력을 요구하며, AI 시스템과 인간 간의 협업 메커니즘을 전제로 한다. 결국 중간 숙련직이 빠르게 축소되고, 고숙련과 저숙련 사이의 격차는 점점 더 벌어지고 있다.

국제노동기구(ILO, 2024)는 생성형 AI 도입으로 인해 고숙련 노동자의 역할은 강화되지만, 중간 수준의 기술을 요구하는 직무는 점점 대체 가능성이 높아지고 있다고 경고한다. 이는 단순한 자동화가 아니라, 고용 구조 자체가 재편되고 있음을 의미한다.

한편 링크드인(LinkedIn)의 2023년 '일의 미래(Future of Work)' 보고서는 챗지피티(ChatGPT) 관련 기술이 콘텐츠 기획, 마케팅, UX(User Experience, 사용자 경험) 디자인 등 창의 영역에서 빠르게 확산하며, 기업들은 해당 기술을 갖춘 인재를 우선 채용하고 있다고 밝혔다. 번즈와이그(Bernzweig, 2025) 또한 2022~2024년 사이 생성형 AI 개발자 수요가 50% 이상 증가했다고 보고했다. 이런 흐름은 AI 도구의 활용 능력이 곧 고용 경쟁력이 되는 구조를 만들어 낸다.

하지만 이러한 기술 기반 기회의 분배는 절대 공정하지 않다. 하버드 대학교의 연구는 생성형 AI의 등장 이후, 미국 내 고숙련 직종 내에서도 기술 적응 여부에 따라 소득 격차가 벌어지고 있으며, 교육 수준이 낮을수록 고용 안정성이 크게 떨어지는 경향을 보인다고 밝혔다 (Huang, 2024). 이는 AI 역량 격차가 노동 시장 불평등의 핵심 변수로 작용하고 있음을 보여 준다.

문제는 제도가 이 변화의 속도를 따라가지 못하고 있다는 점이다. 기존 직무 분류 체계는 제조업 중심의 이분법에 머물러 있으며, 직업 교육과 재훈련 시스템은 아직도 디지털 기술의 빠른 변화에 적응하지 못하고 있다. AI와 협업할 수 있는 노동력을 키우기 위한 정책적 설계는 부족하며, 현재 대부분의 국가에서는 노동자의 역량 강화 책임을 개인에게 전가하고 있다.

결국 기술이 만든 새 일자리는 존재하지만, 그 일자리에 접근할 수 있는 사회적 조건과 제도적 지원이 뒷받침되지 않는 한, 노동 시장 전체가 양극화와 배제로 재편될 위험이 크다. AI로 인해 바뀌는 것은 '무엇을 하는가'가 아니라, '누가 무엇을 할 수 있느냐'의 문제이며, 이는 노동의 정의 자체를 다시 묻게 만든다.

규제와 안전망

디지털 전환 노동은 피할 수 없는 흐름이지만, 그 변화가 불평등과 배제의 구조로 고착되는 것은 제도와 정치의 책임이다. AI는 일자리를 없애기보다 일의 형식과 권력 구조를 재편하며, 누가 보호받고 누가 배제될지를 결정하는 기준이 된다. 이 기준은 기술이 아니라, 정책과 법제도에 의해 결정된다.

현재 노동법과 사회 보장 체계는 여전히 전통적인 고용 관계를 중심으로 설계되어 있다. 이에 따라 플랫폼 노동자, 프리랜서, 알고리즘에 의해 통제되는 종사자들은 법적 보호의 사각지대에 놓여 있다. 누구를 노동자로 인정할 것인지, 어떤 기준으로 보호할 것인지는 기술 변화의 문제가 아니라 정치적 선택의 문제다(European Commission, 2021).

이에 대응해 EU는 《디지털 플랫폼 노동 지침》을 통해, 업무 배정과 평가가 알고리즘에 의해 이루어지는 플랫폼 노동자들도 법적으로 보호받을 수 있도록 기준을 마련했다. 이 지침은 플랫폼 노동자에게 법적 노동자 지위를 '추정'하는 것을 원칙으로 삼고, 고용 여부는 기업이 아닌 공공기관이 판단하도록 한다. 또한 알고리즘 관리의 투명성, 이의 제기 절차, 인간의 개입과 조정

권한 보장을 통해, 자동화된 노동 통제가 사회적 통제 아래에서 이루어질 수 있도록 설계되어 있다(European Commission, 2021).

국제노동기구(ILO)와 세계경제포럼(WEF) 또한 AI 도입이 불러올 노동 불안정성에 대응하기 위한 제도적 안전망 확충을 지속적으로 강조하고 있다. 특히 생성형 AI 도입 이후 노동자 중 12%만이 실제로 AI를 일상 업무에 활용하고 있으며, 신뢰 부족과 역량 격차가 도입의 주요 장벽이라는 분석은, 정책적 중재의 필요성을 뒷받침한다(World Economic Forum, 2024).

반면 한국은 입법 속도와 실행력에서 큰 차이를 보인다. 플랫폼 노동 보호, 전환 교육, 디지털 기초 역량 강화를 위한 예산은 제안 단계에서 정체되거나 실효성 없는 방식으로 운영되고 있다. 노동법 개정 논의는 반복되지만, 기존 근로자 중심 체계에 머물고 있어 새로운 노동 형태를 반영하지 못하고 있다.

디지털 전환 노동 시대의 규제는 더 이상 선택이 아니라 민주주의와 평등의 전제 조건이다. 기술의 중립성은 환상이며, 그 기술이 작동하는 사회적 조건을 설계하고 조정하는 것은 법과 제도의 몫이다. AI가 인간의 노동을 재편하는 시대, 어떤 노동이 보호받고 어떤 노동이 방치

되는지는 바로 지금의 정책 결정에 달려 있다.

참고문헌

Acemoglu, D. & Restrepo, P.(2020). Robots and Jobs: Evidence from US Labor Markets. *Journal of Political Economy, 128*(6), pp.2188~2244.

Bernzweig, M.(2025). Growth in AI Job Postings Over Time: 2025 Statistics and Data. Software Oasis.

Brynjolfsson, E. & McAfee, A.(2014). *The Second Machine Age.* W. W. Norton & Company.

DeSmith, C.(2025.2). Is AI already shaking up the labor market?. The Harvard Gazette. https://news.harvard.edu/gazette/story/2025/02/is-ai-already-shaking-up-labor-market-a-i-artificial-intelligence/

De Stefano, V.(2016). The Rise of the 'Just-in-Time Workforce'. *Comparative Labor Law & Policy Journal, 37*(3), pp.471~504.

European Commission(2021). Directive on Improving Working Conditions in Platform Work. https://eur-lex.europa.eu/legal-content/EN/TXT/?uri=celex:52021PC0762

Frey, C. & Osborne, M.(2017). The Future of Employment: How Susceptible are Jobs to Computerization?. *Technological Forecasting and Social Change, 114*, pp.254~280.

Huang, Y.(2024). The Labor Market Impact of Artificial Intelligence: Evidence from US Regions. IMF Working Papers. https://www.imf.org/en/Publications/WP/Issues/2024/09/

13/The-Labor-Market-Impact-of-Artificial-Intelligence-Evidence-from-US-Regions-554845?utm

ILO(2024). What is the possible effect of generative AI on employment?.
https://www.ilo.org/resource/other/what-possible-effect-generative-ai-employment

LinkedIn Economic Graph(2023). Future of Work Report – AI at Work.
https://economicgraph.linkedin.com/research/future-of-work-report-ai

PwC(2024). AI Jobs Barometer.
https://www.pwc.com/gx/en/issues/artificial-intelligence/ai-jobs-barometer.html

World Economic Forum(2024). Leveraging Generative AI for Job Augmentation and Workforce Productivity.
https://reports.weforum.org/docs/WEF_Leveraging_Generative_AI_for_Job_Augmentation_and_Workforce_Productivity_2024.pdf

07
AI와 법적 책임

AI는 점차 판단의 주체가 되어 가고 있지만, 오류가 발생했을 때 명확한 책임 주체가 부재하다는 점은 중대한 문제다. 기술의 복잡성과 결정 과정의 불투명성은 피해자의 구제를 어렵게 만들고, 사회적 신뢰를 흔들 수 있다. 이에 따라 공동 책임 구조, 알고리즘 투명성 확보, 제도적 책임 설계는 AI 시대 법적 책임 체계의 핵심 과제로 부상하고 있다.

AI와 윤동주?

책임의 주체는 누구인가

AI는 점차 판단의 주체가 되고 있다. 행정, 의료, 사법 등 공적 결정 영역에서 AI의 판단이 인간보다 앞서거나 우선시되는 경우가 늘어나고 있다. 그러나 그 결정이 잘못되었을 때 법적 책임은 누구에게 있는가? 이는 단순한 기술 문제를 넘어, 법과 규범의 근본적 재구성을 요구하는 문제로 확장된다.

전통적으로 법은 판단 능력과 법적 인격을 갖춘 존재에게 책임을 묻는다. 인간은 의도를 가질 수 있고, 도덕적 기준과 사회적 맥락을 이해하며 스스로 결정한다. 그러나 AI는 판단을 수행할 수 있을 뿐, 의도나 도덕적 책임성을 가질 수는 없다. 특히 생성형 AI는 한 번 학습된 과정을 되돌리기 어렵고, 내부 작동 방식도 불투명하므로, 개발자조차 그 결과를 사전에 예측하거나 사후에 설명하기 어렵다(Bathaee, 2018).

이러한 특성은 책임 소재를 흐리게 만든다. 개발자는 AI의 자율성을 강조하며 오류 책임에서 거리를 두고, 사용자는 '알고리즘의 판단을 따랐을 뿐'이라는 입장을 내세운다. 이 과정에서 책임은 기술적 설계자, 시스템 운영자, 사용자 등 여러 주체 사이로 분산되고, 결과적으로 누구도 온전히 책임지지 않는 구조가 형성된다(Nguyen et al., 2024).

실제로 AI가 만들어 낸 결과가 사회적으로 큰 영향을 미쳤을 경우, 그에 따른 피해가 발생해도 명확한 책임자를 특정하기 어렵다. 복잡한 기술적 · 행정적 경로를 따라 생성된 결정은 책임의 연결 고리를 흐리게 만들고, 피해자 구제 역시 어렵게 한다. 이는 단순한 법적 공백이 아니라, 반복적으로 발생하는 제도적 회피 구조로 작동할 위험을 내포하고 있다.

법적 책임은 단순히 결과의 귀속 문제에 그치지 않는다. 책임은 사회가 어떤 판단을 '공적 결정'으로 받아들일 수 있는지, 그 판단이 어떤 절차와 기준을 통해 형성되는지를 규정하는 핵심 장치다. AI가 판단의 중심에 설수록, 그 판단이 결정되는 과정과 책임이 구조화되는 방식을 재설계할 필요가 있다.

책임 회피의 구조와 법적 대응

AI가 실질적인 판단을 수행하는 상황에서 가장 우려되는 것은 책임 회피가 제도화되는 구조다. 특히 행정, 의료, 사법 등 공공성이 있어야 하는 영역에 민간 기업의 AI 시스템이 도입될 경우, 정부와 기업 간의 책임 경계는 더욱 불투명해진다. 기술 시스템의 복잡성과 자율성이 높아질수록, 그 결정의 원인과 책임을 특정하는 일은 더욱 어려워진다.

대표적인 사례가 미국에서 사용된 재범 예측 알고리즘 컴퍼스(COMPAS)다. 이 시스템은 피의자의 재범 가능성을 수치화하여 판결 참고 자료로 활용되었지만, 이후 인종적 편향이 내재해 있다는 비판이 제기되었다. 그러나 개발사인 노스포인트(Northpointe)는 알고리즘이 기업 자산이며 '영업비밀'에 해당한다는 이유로 세부 내용을 공개하지 않았다. 그 결과, 법원이 내린 결정의 핵심적 근거가 검증되지 않은 채 정당화되었고, 피해자는 존재하되 책임자는 사라진 상황이 발생했다(Angwin et al., 2016).

이러한 문제는 기술의 복잡성만이 아니라, 법·제도적 대응의 한계와도 깊이 관련된다. 개발자는 알고리즘의 소유권과 자율성을 앞세워 책임을 회피하고, 행정기관은 검토 의무 없이 결과에 의존하며 책임을 전가한다. 그 결과, 피해가 발생하더라도 법적 구제는 불가능에 가까워지고, 이는 사회 전체의 책임 구조에 대한 신뢰를 무너뜨린다.

이와 같은 상황을 해결하기 위해 유럽연합(EU)은 'AI 책임 지침(AI Liability Directive)'을 제안하며, 고위험 AI

시스템에 대해 투명성, 결과 추적 가능성, 감독 책임 부과를 포함한 규제를 추진했다(European Commission, 2023). 그러나 2025년 2월, EU 집행위원회는 해당 지침을 철회하며 AI 책임 관련 법제화 방향을 재검토하기로 했다(Andrews, 2025). 이는 기술 발전의 속도에 비해, 국제적 법적 기준과 합의가 아직 충분히 정립되지 않았음을 보여 준다.

한편 미국에서는 전통적인 불법 행위법(tort law)을 AI 책임에 적용하려는 논의가 이어지고 있다. 랜드(RAND) 보고서는 AI의 불투명성과 예측 불가능성이 기존 법체계와 충돌하고 있으며, 전통적인 책임 개념으로는 피해의 원인을 규명하고 적절한 책임 주체를 정하는 데 한계가 있다고 평가한다(Ramakrishnan, et al., 2024). 이에 따라 학계와 정책 기관은 입법적 해석의 확장, 새로운 책임 범주의 도입 등을 모색하고 있다.

기술이 법의 판단을 넘어서는 시대, 책임의 문제는 기술이 아닌 제도와 권한의 구조를 재편하는 문제로 전환되고 있다. 단순한 책임 귀속이 아닌, 책임 추적성과 설명 가능성을 제도화하지 않는 한, AI는 판단의 권능을 갖되 책임의 의무에서는 벗어나게 될 것이다.

책임의 재정의와 규범의 재설계

AI가 내리는 판단이 행정, 의료, 사법 등 공적 영역에서 실질적 결과를 낳는 상황에서, 법적 책임 구조는 기존의 틀만으로는 대응할 수 없다. 기술 시스템은 자율성을 높여 가지만, 판단의 결과에 책임지는 주체는 여전히 불분명하다. 이제는 책임을 '누가 져야 하는가'를 넘어, '어떻게 구조화할 것인가'라는 물음이 필요하다.

일부에서는 AI에 법인격을 부여하여 독립적인 법적 주체로 간주하자는 주장도 제기된다. 그러나 이러한 논의는 기술적 현실보다 정치적 · 철학적 전제에 기반한 이론적 제안에 가깝고, 실현 가능성은 작다. 실제로 현재의 법체계는 인격성(판단과 책임 능력)을 갖춘 존재에게 책임을 묻는 구조이며, AI는 이 요건을 충족하지 못한다.

더욱 현실적인 대안으로 제시되는 것이 '공동 책임 모델'이다. AI 시스템과 관련된 다양한 주체－예컨대 개발자, 사용자, 운영 주체－가 각자의 역할에 따라 일정한 수준의 책임을 나누고, 법은 이들 간의 경계를 명확히 조정하는 방식이다. 예를 들어, 사용자는 AI의 판단 결과를 비판 없이 수용하지 않아야 하며, 개발자는 알고리즘의 오류 가능성과 위험 요소를 설명할 책임이 있다. 운영자는 시스템의 적용 범위와 영향력을 지속적으로 평가해야 한다(Pagallo, 2013; Nguyen et al., 2024).

이와 함께 일부 국가에서는 보험 기반의 대응 메커니즘도 도입하고 있다. 고위험 AI 시스템의 경우, 사전 등록과 함께 의무 보험 가입을 통해 피해 발생 시 신속한 보상이 이뤄지도록 하는 방식이다. 이는 기술 기반 판단이 불가피한 상황에서, 피해자를 구제할 수 있는 현실적인 보완 장치가 될 수 있다. 다만, 이러한 방식은 최소한의 보호 수단에 그칠 뿐, 책임의 구조적 문제를 근본적으로 해결하지는 못한다.

궁극적으로 AI 책임 문제는 법 기술의 문제가 아니라 규범 정치의 문제다. 어떤 정보가 공개되어야 하며, 어떤 오류가 사회적으로 용인될 수 있는가? 피해자는 어떤 방식으로 구제받아야 하며, 그 구제 책임은 누구에게 돌아가는가? 이러한 물음에 답하는 과정에서, 사회는 어떤 원칙을 우선시할지를 결정하게 된다.

AI의 도입이 피할 수 없는 흐름이라면, 그 결과에 대한 책임 구조는 사회가 선택하는 문제다. 공공성과 인권, 신뢰 가능성이 뒷받침되지 않는 기술 도입은 오히려 민주주의와 법치주의의 기반을 위협할 수 있다. 책임의 설계는 단지 법률 조항이 아니라, 기술 시대의 사회 계약을 다시 쓰는 일이기도 하다.

참고문헌

Andrews, C.(2025). Withdrawal of the AI Liability Directive. https://iapp.org/news/a/european-commission-withdraws-ai-liability-directive-from-consideration

Angwin, J., et al.(2016). Machine Bias: There's Software Used Across the Country to Predict Future Criminals. And It's Biased Against Blacks. ProPublica. https://www.propublica.org/article/machine-bias-risk-assessments-in-criminal-sentencing

Bathaee, Y.(2018). The Artificial Intelligence Black Box and the Failure of Intent and Causation. *Harvard Journal of Law & Technology, 31*(2), pp.889~938.

European Commission(2023). Artificial Intelligence Liability Directive. https://www.europarl.europa.eu/RegData/etudes/BRIE/2023/739342/EPRS_BRI(2023)739342_EN.pdf

Nguyen, L., et al.(2024). Unraveling the Nuances of AI Accountability: A Synthesis of Dimensions Across Disciplines. https://arxiv.org/abs/2410.04247

Pagallo, U.(2013). *The Laws of Robots: Crimes, Contracts, and Torts.* Springer.

Ramakrishnan, K., et al.(2024). U.S. Tort Liability for Large-Scale Artificial Intelligence Damages: A Primer for Developers and Policymakers. RAND Corporation. https://www.rand.org/content/dam/rand/pubs/research_reports/RRA3000/RRA3084-1/RAND_RRA3084-1.pdf.

08
AI와 민주주의

AI는 여론 형성, 정치 광고, 선거 전략에까지 깊숙이 개입하며 민주주의의 기반을 위협하고 있다. 특히 생성형 AI는 여론을 인위적으로 조작하고 선거의 공정성을 침식할 수 있다. 알고리즘의 투명성 확보, 정치 광고 규제, 시민사회의 감시와 참여를 통해 민주주의를 보호하는 규범적 대응이 요구된다.

AI와 한의학?

알고리즘은 여론을 어떻게 구성하는가

민주주의에서 여론은 시민들의 자유로운 판단과 공론장에서 토론을 통해 형성된다. 다양한 정보에 접근하고 서로 다른 의견을 교환하는 과정은 민주주의의 핵심 기반이 된다. 하지만 최근에는 이 과정에 AI 알고리즘이 깊숙이 개입하기 시작했다.

AI는 추천 시스템과 검색 결과를 통해 시민이 접하는 정보의 흐름을 결정짓는다. 개인의 성향과 선호를 분석하여 비슷한 성향의 정보만 반복적으로 제공하고, 다른 관점에 대한 접근은 차단하는 방식이 강화되고 있다. 이에 따라 시민들은 점차 자신과 유사한 의견에만 노출되고, 다양한 관점을 경험할 기회를 잃게 된다. 이러한 정보 편향 구조를 필터 버블이라 부른다(김주희 · 김현정, 2024).

생성형 AI는 뉴스 요약, 정치 콘텐츠 작성, 감성 조작 등을 통해 정보 제공을 넘어 여론 형성 자체를 설계하는 단계에 이르렀다. 2024년 미국 대선과 유럽 의회 선거를 앞두고, 생성형 AI가 정치적 편향을 가진 텍스트를 대량 생산하거나, 유권자의 성향에 맞춰 메시지를 조정하는 사례가 다수 보고되었다(LaChapelle & Tucker, 2023; Ferrara, 2024).

이러한 변화는 여론이 숙의 과정을 거쳐 자연스럽게 형성되는 것이 아니라, 기술적 설계와 최적화 과정을 통해 인위적으로 재구성될 수 있음을 보여 준다. 특히 비공개 알고리즘이 정보를 선별하고 유통하는 과정이 상업적 이해관계와 결합하면, 정보 유통의 공정성과 투명성은 더욱 훼손된다(김주희, 2024; Csernatoni, 2024).

알고리즘이 설계한 선거 전략과 여론 조작

AI는 정치 캠페인의 기획과 실행에도 깊숙이 관여하고 있다. 생성형 AI는 정치 메시지를 자동으로 생산하고, 유권자의 성향에 맞춰 맞춤형 콘텐츠를 대량 생성하는 기술로 선거 운동 방식을 변화시키고 있다.

2024년 미국 대선 경선 과정에서는 일부 정당이 생성형 AI를 활용해 실제로 발생하지 않은 재난 상황의 이미지를 제작하고, 이를 통해 특정 후보나 정당에 대한 책임론과 위기의식을 부각하는 전략을 사용했다(Nakamura et al., 2024). 이러한 방식은 유권자의 감정을 자극하는 공포 프레임을 만들어 내고, 온라인상에서 신속하게 확산하며 선거 여론에 직접적인 영향을 미쳤다. 생성형 AI는 감성적 메시지를 대량 생산 · 유포할 수 있는 수단으로 활용되며, 전통적인 선거 전략을 넘어 여론 조작의 도구로 기능하고 있다(Ferrara, 2024).

국제 정치에서도 생성형 AI는 정보 조작 도구로 활용되고 있다. 2025년 독일 연방 선거를 앞두고, 러시아와 연계된 AI 기반 웹사이트들이 현실감 있는 허위 뉴스를 대량 생성하여 독일 유권자들에게 확산한 사례가 보고되었다. 이와 관련해 최근 연구는 러시아 연계 AI 웹사이트들이 현실감 있는 허위 정보를 확산시켜 독일 유권자를 교란하려 했다고 지적한다(Sychev, 2025).

그러나 이러한 기술 개입은 여전히 충분히 규제되지 않고 있다. 유럽연합(EU)은 'AI 법(AI Act)'을 통해 고위험 AI 시스템에 대한 규제 체계를 마련했으나(European Union, 2024), 선거 개입 방지에 대한 구체적 집행은 초기 단계에 머물러 있다(Rabitsch & Calabrese, 2024). 미국은 표현의 자유를 이유로 생성형 AI 규제를 주저하고 있으며, 한국 역시 기존 선거법 틀을 벗어나지 못하고 있다(김주희, 2023).

결국 생성형 AI는 정치적 의사소통 방식을 넘어, 선거 절차 자체를 재구성하는 수준에 이르고 있다. 이는 민주주의 기반인 선거의 공정성과 신뢰성을 근본적으로 위협하는 요인이 되고 있다.

민주주의의 조건과 AI 규제의 방향

민주주의는 시민의 자유로운 판단, 공개된 정보 접근, 그리고 정치권력에 대한 책임 요구를 기반으로 작동한다. 개인이 외부의 강제나 왜곡 없이 스스로 정치적 선택을 내릴 수 있어야 하고(Helmus & Chandra, 2024), 다양한 의견과 정보가 열린 공론장에서 자유롭게 교환되어야 하며(Habermas, 1962), 권력을 행사하는 주체는 시민에게 자신의 결정과 행동을 설명하고 책임져야 한다(Dahl, 1971). 이러한 자율성, 공공성, 책임성은 민주주의를 유지하는 핵심 조건이다.

하지만 생성형 AI는 정보 흐름을 은밀하게 조정하고, 정치적 판단 과정에 기술적으로 개입하며, 메시지의 생산 주체를 불투명하게 만들어 민주주의 기본 조건에 심각한 긴장을 불러오고 있다(Nguyen, et al., 2024).

이러한 문제를 해결하기 위해서는 기술 자체를 억제하는 것이 아니라, 민주주의 원칙에 부합하는 방식으로 기술 사용을 통제하는 규범적 전략이 필요하다. 알고리즘의 투명성, 설명 가능성, 독립적 감독, 시민의 공공 감시가 핵심 원칙이 되어야 한다(Pagallo, 2013).

EU는 정치 광고에 AI 사용 여부를 명시하는 규제를 추진하고 있으며(Perault & Brennen, 2023), 미국도 랜드(RAND)를 중심으로 생성형 AI 규율 논의를 확대하고 있다(Helmus & Chandra, 2024). 또한 AI 시스템으로 인한 피해 발생 시 책임 소재를 명확히 규정하는 것도 민주주의 원칙을 보호하기 위한 핵심 과제가 되고 있다(Smith et al., 2024).

생성형 AI가 민주주의를 보완하는 수단이 될지, 위협이 될지는 사회가 어떤 규범과 원칙을 채택하느냐에 달려 있다(Panagopoulou, 2025).

참고문헌

김주희(2023). 《생성형 AI 신기술 도입에 따른 선거 규제 연구》. 중앙선거관리위원회.

김주희(2024). "생성형 인공지능 규제와 미디어 리터러시". 《국제정치연구》, 27(1), 1~22쪽.

김주희·김현정(2024). "생성형 AI 규제연구: 영국의 AI 전략과 규제를 중심으로". 《유럽연구》, 42(2), 139~168쪽.

Csernatoni, R.(2024). Can Democracy Survive the Disruptive Power of AI?. Carnegie Endowment for International Peace. https://carnegieendowment.org/research/2024/12/can-democracy-survive-the-disruptive-power-of-ai?lang=en

Dahl, R.(1971). *Polyarchy: Participation and Opposition.* Yale University Press.

European Union(2024). Regulation (EU) 2024/1689 of the European Parliament and of the Council. https://eur-lex.europa.eu/legal-content/EN/TXT/?uri=C

ELEX%3A32024R1689
Ferrara, E.(2024). Charting the Landscape of Nefarious Uses of Generative Artificial Intelligence for Online Election Interference. https://arxiv.org/abs/2406.01862
Habermas, J.(1962). The Structural Transformation of the Public Sphere. MIT Press. 한승완 옮김(2024). 《공론장의 새로운 구조 변동》. 세창출판사.
Helmus, T., & Chandra, B.(2024). Generative Artificial Intelligence Threats to Information Integrity and Potential Policy Responses. RAND Corporation. https://www.rand.org/pubs/perspectives/PEA3089-1.html
LaChapelle, C. & Tucker, C.(2023). Generative AI in Political Advertising. Brennan Center for Justice. https://www.brennancenter.org/our-work/research-reports/generative-ai-political-advertising
Nakamura, D., et al.(2024.9.4). Justice Dept. charges two Russian media operatives in alleged scheme. The Washington Post. https://www.washingtonpost.com/national-security/2024/09/04/justice-department-election-security/
Nguyen, L., et al.(2024). Unraveling the Nuances of AI Accountability: A Synthesis of Dimensions Across Disciplines. https://arxiv.org/abs/2410.04247
Pagallo, U.(2013). *The Laws of Robots: Crimes, Contracts, and Torts.* Springer.
Panagopoulou, F.(2025). Artificial Intelligence and Democracy: Towards Digital Authoritarianism or a Democratic Upgrade?. https://arxiv.org/abs/2504.01034
Perault, M. & Brennen, J.(2023). A policy framework to govern the use of generative AI in political ads. Brookings Institution.

https://www.brookings.edu/articles/a-policy-framework-to-govern-the-use-of-generative-ai-in-political-ads/

Rabitsch, A., & Calabrese, S.(2024). The EU's Artificial Intelligence Act and its Impact on Electoral Integrity. European Partnership for Democracy. https://epd.eu/content/uploads/2024/09/AI-and-elections.pdf

Smith, G., et al.(2024). Liability for Harms from AI Systems. RAND. https://www.rand.org/pubs/research_reports/RRA3243-4.html

Sychev, A.(2025.1.24). Russia-linked AI websites aim to dupe German voters, study finds. Reuters. https://www.reuters.com/world/europe/russia-linked-ai-websites-aim-dupe-german-voters-study-finds-2025-01-23/

09
AI의 군사적 활용

AI는 전쟁 수행 방식을 혁신하고 있지만, 인간의 통제 원칙과 책임 구조를 약화하며, 국제법과 인도주의 규범에 심각한 도전을 제기하고 있다. 치명적 자율 무기 체계에 대한 규제 논의는 지지부진한 상황이며, 실질적인 규범 형성과 구속력 있는 국제 조약의 마련이 시급하다.

AI와 화장품?

AI는 전쟁의 규칙을 어떻게 바꾸는가?

AI 기술은 전쟁의 기본 규칙을 근본적으로 변화시키고 있다. 과거에는 인간 지휘관이 직접 목표를 식별하고 교전 결정을 내렸지만, 이제는 AI가 목표 탐지, 식별, 추적, 타격까지 수행하는 시대가 도래했다. 대표적인 사례가 치명적 자율 무기 시스템(LAWS)이다. 이 시스템들은 인간 개입 없이 목표를 인식하고 공격하며, 전장 결정을 기계가 내리게 만든다(United Nations Secretary-General, 2024).

이스라엘의 '하피(Harpy)' 드론은 목표물을 스스로 탐지하고 자율적으로 공격할 수 있으며, 호주의 '로열 윙맨(Loyal Wingman)' 프로젝트는 인간 조종사의 지휘 아래 복수의 무인기를 AI로 통제하는 방식을 실험하고 있다. 이들 시스템은 인간의 인지 속도를 능가하는 데이터 처리와 실시간 전술 결정을 가능하게 한다.

그러나 인간 통제가 약화하면서 책임 소재는 불명확해지고 있다. 자율 무기가 민간인을 오인해 공격했을 때, 명령을 내린 군인, 시스템을 설계한 개발자, 훈련 데이터를 제공한 주체 중 누구에게 법적·도덕적 책임이 있는지 규명하기 어렵다(Simmons-Edler et al., 2024).

국제 인권법은 비례성과 차별화 원칙을 통해 민간인

보호를 강조하지만, AI 시스템은 맥락에 대한 이해가 부족해 이러한 규범을 충족하기 어렵다. 휴먼라이츠워치(Human Rights Watch, 2020)는 "기계는 인간의 윤리적 판단을 모방할 수 없으며, 생명의 가치를 제대로 평가하지 못한다"라고 경고한다. AI가 전쟁의 양식을 빠르게 바꾸면서, 국제 사회는 기존의 전쟁법이 지금도 유효한지를 근본적으로 되묻고 있다.

군사 AI의 확산과 규범의 진공 상태

군사 분야에서 AI의 채택은 이미 가속화되고 있다. 미국은 합동인공지능센터(JAIC)를 통해 전장 전 영역을 통합하는 지휘통제체계(JADC2)를 개발하고 있으며, 중국은 '지능화 전쟁'을 미래 전략의 핵심으로 삼고 있다. 러시아 또한 AI를 활용한 미사일 방어와 사이버 작전 능력 강화를 적극 추진하고 있다(Chivvis & Kavanagh, 2024).

이처럼 주요 강대국들이 AI를 군사 전략의 중심에 두고 경쟁하고 있지만, 이를 규율할 국제 규범은 심각하게 부재한 상황이다. 유엔 특정재래식무기금지협약(CCW) 산하 전문가그룹(GGE)은 2014년부터 자율 무기 규제 논의를 시작했으나, 국가 간 견해 차이로 구체적 합의에 도달하지 못하고 있다. 미국과 러시아는 자율 무기 규제에 소극적이지만, 오스트리아, 브라질 등은 전면 금지를 주장하고 있다(SIPRI, 2025).

규제 논의의 핵심 쟁점은 '의미 있는 인간의 통제(meaningful human control)' 개념을 어떻게 정의할 것인가에 있다. 미국은 인간이 시스템 초기 설계에 관여하면 충분하다는 태도지만, EU는 실시간 통제 권한이 반드시 유지되어야 한다고 주장한다. 이러한 해석 차이는 법적 규범의 통일을 어렵게 만들고 있다.

휴먼라이츠워치(Human Rights Watch, 2024)는 "자율 무기 시스템의 실전 배치는 단순한 기술 문제가 아니라 인간 존엄성에 대한 도전"이라고 강조한다. 실제로 리비아 내전에서는 인간의 명령 없이 자율 드론이 살상 행위를 수행한 사례가 보고되었다. 이는 규범적 공백이 이미 현실에서 심각한 결과를 초래하고 있음을 보여 준다.

빠르게 확산하는 군사 AI 기술과 규범 정립의 지연 사이의 격차는, 단순히 전장의 양식 변화를 넘어 국제 평화와 안보 체계 전반에 심각한 위기를 초래할 수 있다.

국제 협력과 규제 가능성은 있는가?

AI 무기의 확산을 규제하려는 국제적 노력은 꾸준히 이어지고 있지만, 아직 실질적 성과에는 이르지 못하고 있다. 미국은 2024년 "책임 있는 군사 AI 및 자율성에 관한 정치 선언"을 발표해, 법적 책임 확보, 위험 완화, 설명 가능성 확보 등의 원칙을 제시했다(U.S. Department of State, 2024). 이 선언은 50개국 이상의 지지를 받았지만, 법적 구속력이 없는 정치적 약속에 머물고 있어 실질적 효과에는 한계가 있다.

유엔 총회는 2024년 자율 무기 시스템에 대한 결의안을 채택했고, 일부 유럽 국가들은 독자적인 규제 틀을 마련하고 있다. 예를 들어 독일과 네덜란드는 'AI 무기 사용 금지'까지는 이르지 않았지만, 실시간 인간 통제 의무화를 요구하는 국가 가이드라인을 제정했다(UNRIC, 2025).

미국 국방부는 '책임 있는 AI 전략 및 이행 로드맵(Responsible AI Strategy and Implementation Pathway)'를 통해 군사 AI의 윤리적 활용을 위한 다섯 가지 원칙(책임성, 설명 가능성, 신뢰성, 추적 가능성, 거버넌스)을 제시했지만, 외부 감시나 투명성 확보 체계는 여전히 미흡하다. 일각에서는 이러한 전략이 실질적 규제를 회피하기 위한 '자율적 책임' 전략이라는 비판도 제기되고 있다.

궁극적으로 필요한 것은 법적 구속력을 가진 다자간 조약이다. 자율 무기의 사용 조건, 정보 공개, 피해자 보상, 개발자 책임 등을 명문화한 협약 없이는, 군사 AI는 무제한적 살상의 수단으로 변질될 위험이 크다(Pagallo, 2013). 기술 발전 속도를 고려할 때, 선언적 합의에 머무르지 않고 구체적이고 구속력 있는 국제 규범 마련이 실질적 과제로 부상하고 있다.

오늘날 군사 AI의 확산은 단순한 국방 전략 차원을 넘어, 미래 전쟁 윤리와 국제 질서의 존립 자체를 위협하고 있다. 세계는 기술 중심이 아닌, 인간 존엄성과 책임성에 기초한 새로운 전쟁 규범을 모색해야 할 전환점에 서 있다.

참고문헌

Chivvis, C., & Kavanagh, J.(2024). How AI Might Affect Decisionmaking in a National Security Crisis. Carnegie Endowment for International Peace. https://carnegieendowment.org/research/2024/06/artificial-intelligence-national-security-crisis?lang=en

Human Rights Watch(2020). New Weapons, Proven Precedent: Elements of and Models for a Treaty on Killer Robots. https://www.hrw.org/report/2020/10/20/new-weapons-proven-precedent/elements-and-models-treaty-killer-robots

Human Rights Watch(2025). A Hazard to Human Rights: Autonomous Weapons Systems and Digital Decision-Making. https://www.hrw.org/report/2025/04/28/hazard-human-rights/autonomous-weapons-systems-and-digital-decision-making

Pagallo, U.(2013). *The Laws of Robots: Crimes, Contracts, and Torts.* Springer.

Simmons-Edler, R., et al.(2024). AI-Powered Autonomous Weapons Risk Geopolitical Instability and Threaten AI Research. Proceedings of Machine Learning Research. https://proceedings.mlr.press/v235/simmons-edler24a.html

SIPRI(Stockholm International Peace Research Institute)(2025). *SIPRI Yearbook 2025: Armaments, Disarmament and International Security.* Oxford University Press.

United Nations Secretary-General(2024). Lethal autonomous weapons systems. https://docs-library.unoda.org/General_Assembly_First_Committee_-Seventy-Ninth_session_%282024%29/A-79-88-LAWS.pdf

UNRIC(2025). UN addresses AI and the Dangers of Lethal Autonomous Weapons Systems. https://unric.org/en/un-addresses-ai-and-the-dangers-of-lethal-autonomous-weapons-systems/

U.S. Department of State(2024). Political Declaration on Responsible Military Use of Artificial Intelligence and Autonomy. https://www.state.gov/bureau-of-arms-control-deterrence-and-stability/political-declaration-on-responsible-milit ary-use-of-artificial-intelligence-and-autonomy

10
AI와 국가 안보

AI는 국가 안보의 양식 자체를 구조적으로 전환하고 있다. 사이버전, 정보전, 자동화된 위협 분석 시스템은 안보 대응의 효율성을 높였지만, 동시에 통제 실패와 권력 집중이라는 위험도 수반한다. 국가 안보 체계는 기술 의존을 넘어서, 인간 중심의 통제 · 투명성 · 책임성을 핵심 원칙으로 재설계될 필요가 있다.

종교와 AI?

AI가 바꾸는 국가 안보의 지형도

AI 기술은 국가 안보의 개념을 근본적으로 변화시키고 있다. 과거의 안보는 주로 군사력과 영토 방어에 집중되었지만, 오늘날은 정보 수집, 위협 예측, 정책 판단을 포괄하는 복합적 체계로 확장되고 있다. AI는 테러 탐지, 국경 감시, 군사 전략 수립 등에서 실시간 자동화 능력을 제공하며, 정보 기반 안보 질서를 주도하고 있다(윤정현, 2024).

미국은 국가 정보 기관에 AI 기반 위협 분석 시스템을 도입하고 있으며, 중국은 '지능화 전쟁(智能化战争)'을 군사 전략의 핵심으로 추진하고 있다(양정학, 2021). 북대서양조약기구(NATO)도 AI를 군사 및 사이버 작전 전반에 통합하는 전략을 수립하고 있으며(Allen & Chan, 2017), 한국은 2024년 국정원 산하에 AI 기반 위협 정보 분석 체계를 신설하여 비정형 데이터 기반 경보 체계를 강화했다.

AI의 안보 활용은 효율성과 속도를 크게 향상하지만, 기술 통제 실패, 데이터 편향, 오판 가능성 등 새로운 위험도 동반한다. 특히 위협 판단과 정책 결정의 자동화는 인간의 정치적 판단과 맥락을 우회하여 권한 집중과 민주적 통제를 약화할 수 있다(Allen & Chan, 2017).

AI는 단순한 감시 도구를 넘어 위험을 정의하고 대응을 구조화하는 '정책 행위자'로 기능한다. 위협 판단 알고리즘이 불투명하게 설계될 경우, 특정 집단에 대한 차별적 감시나 무력 사용으로 이어질 수 있으며, 이는 안보라는 명분 아래 시민의 권리를 침해할 위험을 내포한다. 기술은 중립적이지 않으며, AI의 판단 또한 정치적 의도와 전략적 선택이 반영된 결과물이다(김경애, 2024).

이러한 변화는 국가 안보 개념을 본질적으로 재구성하고 있으며, AI 기반 안보 시스템의 투명성, 설명 가능성, 책임성을 확보하는 것이 미래 안보 체계의 핵심 과제가 되고 있다. 단순한 기술 도입을 넘어, 인간 중심적 통제 구조를 어떻게 설계할 것인가가 향후 국가 안보 전략의 성패를 좌우할 것이다.

사이버 공간에서의 AI 전쟁

사이버 공간은 현대 국가 안보의 최전선이 되었고, AI는 이 전장을 구성하는 핵심 기술로 부상하고 있다. AI는 수많은 로그 데이터를 실시간으로 분석하고, 네트워크상의 이상 징후를 조기에 탐지하며, 자율적 대응을 가능하게 만든다. 머신러닝 기반 침입 탐지 시스템은, 고정된 패턴이나 조건에 따라 작동하는 전통적인 보안 체계에 비해 정밀성과 속도 면에서 우수하며, 알려지지 않은 공격 유형에도 더욱 유연하게 대응할 수 있다(KISA, 2022).

딜로이트(Deloitte, 2024)와 마이크로소프트(Microsoft, 2024)에 따르면, AI 기반 위협 감지 시스템은 탐지 정확도가 대폭 향상되었고, 탐지 속도는 기존 대비 3~4배 빨라졌으며, 위협 완화 조치의 자동화 수준 또한 크게 높아졌다. 우리나라의 주요 기간망에도 AI 기반 보안 알고리즘이 도입되고 있으며, 침입 가능성을 사전에 예측하고 대응하는 기능이 점차 강화되고 있다(김경애, 2024).

그러나 AI는 방어뿐 아니라 공격의 도구로도 작동한다. 악성코드 자동 생성, 피싱 메일의 자연어 자동화, 해킹 경로 탐색 등이 AI에 의해 정교하게 수행되고 있으며, 일부 공격 알고리즘은 기존 방어 체계보다 빠르게 진화하고 있다. 러시아는 우크라이나 전쟁 초기, 자동화된 AI 해킹 시스템을 활용해 군 통신망과 에너지 기반 시설을 공격했으며, 이러한 AI 기반 사이버 위협은 점점 더 고도화되고 있다(WIRED, 2023). 북대서양조약기구는 이에 대응하기 위한 사이버 방어 전략을 강화하고 있다.

북한 또한 AI를 활용한 사이버 범죄 능력을 빠르게 고도화하고 있다. 최근에는 암호 화폐 거래소를 정밀 타격하는 데 AI 기술이 활용된 정황도 드러났다(윤정현, 2024). AI 기반 사이버 공격은 저비용·고효율 특성으로 인해 억제가 어렵고, 오히려 공격이 반복되거나 확대되는 경향을 보인다. 이에 따라 공격을 사전에 차단하거나 억제하는 전략이 점점 더 어려워지고 있다.

AI 기반 사이버 공격은 주체의 익명성과 경로의 복잡성 때문에 책임 추적이 어렵고, 국제법적 제재 역시 실효성이 낮다. 공격자는 국가일 수도, 비국가 조직일 수도 있으며, 때에 따라 AI 시스템 자체가 공격 주체로 작동하기도 한다. 이는 기존 억지 전략을 무력화시키며, 안보 질서에 대한 근본적인 재검토를 요구하고 있다(SIPRI, 2024).

사이버 공간에서의 AI 활용은 단순히 방어를 강화하는 것을 넘어, 공격과 방어의 경계를 흐리게 만들고 있다. 이에 따라 국제 사회는 새로운 사이버 안보 규범 마련을 위한 논의를 본격화할 필요가 있으며, AI의 군사적 남용을 방지하기 위한 다층적 거버넌스 체계 구축이 중요한 과제로 떠오르고 있다.

정보전, 여론전과 알고리즘의 무기화

정보는 단순한 자원을 넘어 전략적 무기로 변모했다. 특히 생성형 AI는 텍스트, 영상, 음성 등 다양한 형태의 콘텐츠를 실시간으로 생성하며, 정보 왜곡과 심리전에 즉각 활용될 수 있는 도구로 작동한다. 이러한 기술은 여론을 조작하거나 사회 갈등을 증폭하는 데 사용되며, 전통적인 무기보다 더 치명적인 방식으로 국가 안보를 위협한다(Ferrara, 2024).

이스라엘은 2023년 가자지구 작전에서 AI 기반 표적 식별 시스템 '하브소라(Habsora)'를 사용해 공격 목표를 자동 분류하고 우선순위에 따라 공습을 실행했다. 이 기술은 작전 효율성을 높였지만, 민간인 피해가 급증하며 AI가 도덕적 판단을 수행할 수 있는지에 대한 논쟁을 불러왔다(Panella, 2024).

러시아는 딥페이크와 AI 챗봇을 이용해 서방 국가의 여론을 흔들고, 우크라이나 내에서 심리전을 벌인 사례로 자주 언급된다. 이 같은 전략은 비군사적 영역에서 군사적 결과를 끌어내는 새로운 형태의 정보전 양상을 보여 준다. 생성형 AI는 정치적 메시지를 자동 생성하고, 특정 집단을 표적화하는 정교한 선전 도구로 활용되고 있다(Ferrara, 2024).

문제는 이러한 정보 무기화가 매우 낮은 비용으로 가능하고, 책임 소재가 불분명하다는 점이다. AI는 단지 명령을 수행할 뿐이라는 기술적 책임 회피가 가능하고, 알고리즘 설계자, 운영자, 사용자 간에 책임의 공백이 발생한다. 이에 따라 정보전의 피해는 국민에게 전가되며, 대응은 지연되는 경우가 많다(윤정현, 2024).

EU는 AI 법(AI Act)을 통해 고위험 정보시스템에 대한 규제를 강화하고자 했지만, 국가 안보 관련 조항은 예외로 두어 실효성이 떨어진다는 비판이 제기된다. 한국에서도 생성형 AI 기반 허위 정보 대응 체계는 미흡하며, 사이버 보안법은 개인 정보 보호 중심에 머무르고 있어 정보전 대응에는 한계가 있다(김경애, 2024).

정보전 시대의 안보는 단순히 기술적 문제를 넘어선다. 국가가 정보의 흐름과 진실성, 접근 권한을 어떻게 통제하고 보호할 것인가가 핵심 과제다. 정보 주권은 단순한 통제가 아니라, 시민의 판단 능력과 민주주의의 작동 기반을 지키기 위한 최소 조건이다. 이를 위해 알고리즘 설계 단계부터 투명성과 검증 가능성을 확보하고, AI를 활용한 정보 작전의 책임 주체를 명확히 규정하는 새로운 규범이 필요하다.

참고문헌

김경애(2024.9.9). "사이버전에서 영향력이 점점 더 커지는 AI... 책임 있는 AI 활용 위한 과제는?". 《보안뉴스》. https://m.boannews.com/html/detail.html?idx=132699

양정학(2021). "중국의 인공지능(AI) 정책과 군사현대화에 관한 연구". 《한일군사문화학회지》, 31(31), 113~146쪽.

윤정현(2024). "전장을 바꾸는 AI 무기화와 사이버 안보 위협". 《미래정책 FOCUS》. https://www.nrc.re.kr/board.es?mid=a30200000000&bid=0044&act=view&list_no=178985&tag=&nPage=1&issue_cd=43&cg_code=null

KISA(2022). 《2022년 상반기 사이버 위협 동향 보고서》. https://www.kisa.or.kr/20205/form?lang_type=KO&page=1&postSeq=1022#fnPostAttachDownload

Allen, G. & Chan, T.(2017). Artificial Intelligence and National Security. Belfer Center for Science and International Affairs. https://www.belfercenter.org/publication/artificial-intelligence-and-national-security

WIRED(2023). Hacker Group Linked to Russian Military Claims Credit for Cyberattack on Ukrainian Telecom. https://www.wired.com/story/ukraine-kyivstar-solntsepek-sandworm-gru

Deloitte(2024). *Global Future of Cyber Survey, 4th Edition.* Deloitte Insights.

Ferrara, E.(2024). GenAI Against Humanity: Nefarious Applications of Generative Artificial Intelligence and Large Language Models. *Journal of Computational Social Science 7*, 549-569.

https://link.springer.com/article/10.1007/s42001-024-00250-1

Microsoft(2024). Microsoft Digital Defense Report 2024. https://cdn-dynmedia-1.microsoft.com/is/content/microsoftcorp/microsoft/final/en-us/microsoft-brand/documents/Microsoft%20Digital%20Defense%20Report%202024%20%281%29.pdf

Panella, C.(2024.4). Israel's use of AI to find targets in Gaza offers a terrifying glimpse at where warfare could be headed. Business Insider. https://www.businessinsider.com/israel-using-ai-gaza-targets-terrifying-glimpse-at-future-war-2024-4

SIPRI(Stockholm International Peace Research Institute)(2024). Emerging military and security technologies. https://www.sipri.org/research/armament-and-disarmament/emerging-military-and-security-technologies

김주희

국립부경대학교 정치외교학과 부교수이자, 지방분권발전연구소 글로벌다층거버넌스연구센터 센터장이다. 독일 베를린자유대학교에서 정치학 박사학위를 취득했으며, 핵심 산업과 기술정치에 관한 연구에 집중하고 있다. 중앙선거관리위원회의 정책용역으로 《생성형 AI 신기술 도입에 따른 선거 규제 연구》를 수행한 바 있다. “생성형 AI 규제연구: 영국의 AI 전략과 규제를 중심으로”(2024), “생성형 인공지능 규제와 미디어 리터러시”(2024), “생성형 인공지능(AI) 영역 내 미국과 유럽연합의 협력과 경쟁”(2024), “인공지능 규제 유형 연구: 스위스 사례를 중심으로”(2024), “생성형 인공지능에 관한 미국의 규제 및 선거에 미치는 영향 분석”(2024) 등을 등재 학술지에 발표했다.